書

《蘇州全書》編纂出版委員會 編

·袌谷子商隱武經七書

蘇州全書

甲編

蘇州大學出版社
古吳軒出版社

裒谷子商隲武經七書卷之七

吳湖孫履恒立父著

太公

上畧

夫主將之法務擥英雄之心賞祿有功通志於衆故與衆同好靡不成與衆同惡靡不傾治國安家得人也亡國破家失人也含氣之類咸願得其志

孫履恒曰務擥英雄之心而通志於衆主與將第

一丹訣所謂藏之約行之得可爲子孫恒者也故以之冠三畧六韜然務之之道多端以後畧韜皆務中節目也賞祿有功先賞而後罰懲商紂之暴也通志全在好惡上同好成事同惡傾心得人者得其心也失人者失其心也治安亡破全係於此主之知務者其惟文王乎二老就養矣微子抱祭噐而歸矣天下英雄孰有大於是者而止仁止信先四者而澤枯骨通志又何如也求之於將亦惟

太公夷齊扣馬左右欲兵之曰義士也扶而去之已見延譽之槩矣而尊賢尚功因其俗簡其禮通商賈之業便魚鹽之利則譽之至而通之極也

軍讖曰柔能制剛弱能制强柔者德也剛者賊也弱者人之所助强者人之所攻柔有所設剛有所施弱有所用强有所加兼此四者而制其宜端末未見人莫能知天地神明與物推移變動無常因敵轉化不為事先動而輒隨故能圖制無疆扶成天威康正八

極密定九夷如此謀者爲帝王師故曰莫不貪強鮮能守微若能守微乃保其生聖人存之以應事機舒之彌四海卷之不盈杯居之不以宅室守之不以城郭藏之胸臆而敵國服軍讖曰能柔能剛其國彌光能弱能強其國彌彰純柔純弱其國必削純剛純強其國必亡

孫履恒曰柔能制剛弱能制強孰知老氏之言出於此乎然柔非委靡弱非縮朒上善若水水至柔

弱人道所好也則知剛亦非正氣強亦非矯勁撓義隱賊傲狠明德人道所惡也柔有所設如范蠡設右爲牝田單每有約束必稱神師剛有所施如孫臏批亢搗虛韓信囊沙佯敗柔有所用如商人弦高以乘韋十二犒秦陳平使間厚遺閼氏強有所加如彭城之役雍子發命於軍行歸者而逸楚囚楚師宵遁井陘之捷李左車計使辯士奉書於燕暴其所長而燕從風而靡宜柔而柔宜剛而剛

宜弱而弱宜強而强孰測其所起而知其端孰測其所止而知其末微乎微乎此惟天地神明與物推移變動無常而我因敵轉化不爲事先動而輒隨則夫制無疆而成天威正八極而定九夷皆其能事豈不爲帝王師哉語不云乎莫不貪強鮮能守微若能守微乃保其生微也者聖人之德也舒之彌六合卷之存一腔無宅室以爲帡幪無城郭以爲防守服人以心天下無敵然則剛柔强弱神

而明之與天爲徒執一不通其國必斃單議所云夫豈欺我然削與亡其病微分純柔純弱宋之祚也純剛純强秦之盛也易曰天德不可爲首也尼父尚父相發明矣

或曰不犯恢律便是生道若必守微乃保其生不亦難乎曰不犯恢律何言之易笞亦可恢杖亦可恢若一生無可笞杖便是君子君所謂保生則又微之至難之至也中庸修德凝道而終之曰以保

其身保生之謂也蓋必如神龍能變能化時大時小可上可下而後爲能保若蛟則蛟而已便可斬也而況魚鰕蛉蛑之屬蓋所謂保者體受歸全生固生死亦生二氣五行妙合成人及其散也陰歸陰陽歸陽木歸木火歸火土歸土金歸金水歸水而保生者一點靈明到底不散故生爲明聖沒爲明神此理至實非虛語也此之謂至誠無息或曰守微可得聞歟曰知柔知剛微之道也非禮勿視

聽言動守之法也

夫爲國之道恃賢與民信賢如腹心使民如四肢則策無遺所適如肢體相隨骨節相救天道自然其巧無間

孫履恒曰此足揫英雄之心而通志於衆意策無遺承信賢如腹心所謂合羣思慮爲一思慮所適如肢體骨節承使民如四肢所謂合萬手足爲一手足天道自然者日月四時稟令而行何間之有

軍國之要察衆心施百務危者安之懼者歡之叛者還之寃者原之訴者察之卑者貴之強者抑之敵者殘之貪者豐之欲者使之畏者隱之謀者近之讒者覆之毀者復之反者廢之橫者挫之滿者損之歸者招之服者活之降者脫之獲固守之獲阨塞之獲難屯之獲城割之獲地裂之獲財散之敵動伺之敵近備之敵強下之敵佚去之敵陵待之敵暴綏之敵悖義之敵睦携之順舉挫之因勢破之放言過之四網

羅之得而勿有居而勿守拔而勿久立而勿取爲者則已有者則士焉知利之所在彼爲諸侯已爲天子使城自保令士自處

孫履恒曰軍國之要在察衆心施百務而所以察所以施自危者安之至立而勿取四十二事也爲者則已有者則士爲知利之所在又總四十二事而言此皆天子之事故曰彼爲諸侯已爲天子危者爲敵所侵撼者也則設守禦以安之懼者畏我

威嚴者也則假辭色以歡之叛者隣國之罪人我還之以弭釁寃者民間之怨氣我原之以解網訴者虛實不同情則太察不嫌無徒卑者有才不見用雖驟顯不妨踰尊強者知進不知退抑之以鍊其神敎者蹇亢不知分𢧐之以警其衆貪者重購則犯難豐之以賈其勇欲者縱其所如則有功畏者愚其耳目則不餒諜士疎遠急切莫効則親近之便讒夫優容敎間將行則傾覆之便毀者即無

心受毀者或有故復詳之可也反者戰守相悖惑則敗亡立見廢斥之可也橫者處衆不和伐國不靖莫若加之以挫衄者得寸亦矜小勝亦驕莫若示之以損歸者身未至而心已傾招之使來可也服者舍其故而取其新待以不疑可也降者棄彼暗而投我明脫之水火可也獲固而不守將以固于徼乎獲阨而不塞將於何處據乎累年取之而不得一朝獲之而恐失設屯其最要也得城不便

於戍與人足以爲藩割愛其最宜也師武臣力而獲地則裂而封之使各自爲守戰勝攻取而獲財則散而公之使人樂爲用至於伺敵之動所以伐謀也備敵之近所以固本也下敵之强所以怠寇也去敵之佚所以予勞也待敵之陵所以俟時也而且以綏易暴則人和以義當悖則人服如其上下輯睦則離間以携之如其順時舉事則堅壁以挫之或因水火風霾險阻之勢以致其破或稱天

詵神布謡流言以成其過或聘耕摟巖卜熊買駿以大其羅得而勿有曰二三子之功也居而勿守貳而伐之服而舍之也援而勿久行若時雨過若清風也立而勿取繼絶舉廢非利天下也總之規爲出於一人衆有分於將士昔爲敵國者今爲諸侯天下就己者天之宗子使城自保令士自處者所謂以天下治天下也軍國之要能出此乎雖然此在商周之際諸侯千國其務不易若在當今則

有不盡行者如叛者還之則阻向往之心矣敵強下之則非帝王之體矣敵佚去之則失亭郵之民矣居而勿守則自我得之自我失之矣可不審哉

世能祖祖鮮能下下祖祖爲親下下爲君下下者務耕桑不奪其時薄賦斂不匱其財罕徭役不使其勞則國富而家娛然後選士以司牧之夫所謂士者英雄也故曰羅其英雄則敵國窮英雄者國之幹庶民者國之本得其幹收其本則政行而無怨

孫履恒曰人君職載萬民故必能爲天下下而後堪爲天下上下之云者徹入於窮簷蔀屋之卑而曲體其欲惡如不奪其時不匱其財不使其勞是也選士司牧不曰聖賢而曰英雄者太公終有英氣雄心故開口便説擧英雄然有英而不雄者有雄而不英者得其一可以爲將合其全足以爲君矧能羅之於王何有本幹相爲有無未有擧英雄之心而不通志於衆亦未有能通志於衆而不能

擧英雄之心者也天地有憾王民不怨政行無怨

難矣哉

夫用兵之要在崇禮而重祿禮崇則智士至祿重則
義士輕死故祿賢不愛財賞功不踰時則下力并敵
國削夫用人之道尊以爵贍以財則士自來接以禮
勵以義則士厄之

孫履恒曰禮崇能使智士至祿重能使義士死豈
非用兵之要然崇禮在優貌推心而重祿則賦有

常額將何取給夫祿非槩重也。孫子曰軍無選鋒
則北。吳子有鍊銳三千人。李牧有百金之士。若此
者重祿之法也。佛氏之言曰齋千僧不如齋一善
知識。此物此志也。且與不在衆少。其於當阨。趙盾
活翳桑之餓夫。而脫嗾獒之難。簡子取白騾之肝
以與陽城胥渠。而廣門之左七百人右七百人皆
先登而獲甲首。則又有出於重祿之外者。夫智士
亦不可以虛禮拘也。祿賢不愛財。賞功不踰時。此

要之要者

夫將帥者必與士卒同滋味而其安危敵乃可加故兵有全勝敵有全因昔者良將之用兵有饋簞醪者使投諸河與士卒同流而飲夫一簞之醪不能味一河之水而三軍之士思爲致死者以滋味之及巳也軍讖曰軍井未達將不言渴軍幕未辦將不言倦軍竈未炊將不言饑冬不服裘夏不操扇雨不張蓋是謂將禮與之安與之危故其衆可合而不可離可用

而不可疲以其恩素蓄謀素合也故曰蓄恩不倦以
一取萬
孫臏恒曰將帥與士卒同滋味共安危此真視卒
如愛子士卒有不衛將帥如父母乎我能如此則
全勝敵不如此則勝之之因也投醪於河此勾踐
事軍識將禮尉繚戰威卒章同意豈二子抄古方
歟抑好事者襲事襲言而附會上畧歟總之將帥
能師其意則得士心并士力不必論真贋也

軍讖曰將之所以爲威者號令也戰之所以全勝者軍政也士之所以輕死者用命也故將無還令賞罰必信如天如地乃可使人士卒用命乃可越境

孫履恒曰軍政成而後號令明號令明而後士用命如天如地者信如四時疾如風霆重如山嶽是故使人身使臂指越境虎驅羣羊

夫統軍持勢者將也制勝敗敵者衆也故亂將不可使保軍乖衆不可使伐人攻城不可拔圖邑則不廢

二者無功則士力疲敝士力疲敝則將孤衆悖以守則不固以戰則奔北是謂老兵兵老則將威不行將無威則士卒輕刑士卒輕刑則軍失伍軍失伍則士卒逃亡士卒逃亡則敵乘利敵乘利則軍必喪

孫臏佰曰統軍持勢在將制勝敗敵亦在將將亂而後衆乖將治則怯夫發憤市人可戰雖曰有制之兵無能之將不可敗而制于何始將之教也若以亂將用乖衆豈惟攻城圍邑無功將爲人擒爲

人廢而疲敝不足言矣守不固戰奔北失伍逃亡
軍喪皆一時事非積漸然也此段疑非呂畧
軍讖曰良將之統軍也恕已而治人推惠施恩士力
日新戰如風發攻如河决故其衆可望而不可當可
下而不可勝以身先人故其兵爲天下雄
孫履恒曰恕字終身可行孰知三軍亦可行也推
惠施恩正是恕巳士力日新葢感激則志帥氣鼓
舞則奐爲榮也戰如風發攻如河决善喻兵勢無

踰此矣然則操怨爲天下先者用兵爲天下雄乎
軍識曰軍以賞爲表罰爲裏賞罰明則將威行官人
得則士卒服所任賢則敵國畏
或曰賞使人樂舞蹈在外故曰表罰使人畏聳惕
在心故曰裏孫履恒曰言賞罰相爲表裏非指定
賞爲表罰爲裏也賞罰將帥之威權明則行矣賞
罰明則官人得官人得則所任賢士服敵畏皆繇
賞罰明也

軍識曰賢者所適其前無敵故士可下而不可驕將可樂而不可憂謀可深而不可疑士驕則下不順將憂則內外不相信謀疑則敵國奮以此攻伐則致亂夫將者國家之命也將能致勝則國家安定

孫履恒曰賢者所適其前無敵此語是軍識故士可下而不可驕此畧申言之旣曰可下矣又曰不可驕非言不可驕士不可令士驕也觀下應之曰士驕則下不順而不曰驕士可見蓋士固當下而

一味下士又恐士驕則三軍俱驕此所謂不順也將可樂而不可憂因待士而并及之將者内外所恃敵國所覘憂疑則中無成算内外安所取信而敵國從是奮起亂不自我致乎夫將者三句騈枝可省

軍讖曰將能清能靜能平能整能受諫能聽訟能納人能採言能知國俗能圖山川能表險難能制軍權故曰仁賢之智聖明之慮負薪之言廊廟之語興衰

之事將所宜聞將者能思士如渴則策從夫將拒諫
則英雄散策不從則謀士叛善惡同則功臣倦專己
則下歸咎自伐則下少功信讒則衆離心貪財則姦
不禁内顧則士卒滛將有一則士不服有二則軍無
式有三則下奔北有四則禍及國

孫履恒曰軍識十二能皆將之能事然恃己之能
有限茹衆之能無窮故疊言所宜聞者思士如渴
一語推其擧英雄之心夫將拒諫則英雄散連用

十二則字摹寫敗局若列眉眞太公之言也爲將者當念茲在茲

軍讖曰將謀欲密士衆欲一攻敵欲疾將謀密則奸心蔽士衆一則軍心結攻敵疾則備不及設軍有此三者則計不奪泄則軍無勢外窺内則禍不制財入營則衆奸會將有此三者軍必敗

孫履恒曰將謀欲密士衆欲一人皆知之而未能也攻敵欲疾審勢在先成敗既定如秦越人投刀

破毒不使病者知正所謂始如處女敵人開戶後如脫兎敵不及拒誰能奪其計哉敗與不奪反然泄與密反而外窺內二語與上不似反財入營則衆奸會此范雎闢天下士而陳平間骨鯁臣也足令人瞿然思虩然懼而有味尉子分塞

將無慮則謀士去將無勇則士卒恐將妄動則軍不重將遷怒則一軍懼軍諺曰慮也勇也將之所重動也怒也將之所用此四者將之明誡也

孫履恒曰未有無慮無勇不重遷怒而爲將者有一不可況有四乎是在將將者辨之龍韜選將曰問之以言以觀其詳此審慮之法也告之以難以觀其勇此占勇之法也重與怒何知曰投之以卒以觀其重誑之以讒以觀其怒

軍讖曰軍無財士不來軍無賞士不往軍讖曰香餌之下必有死魚重賞之下必有勇夫故禮者士之所歸賞者士之所死招其所歸示其所死則所求者至言所求者自致也

故禮而後悔者士不往賞而後悔者士不使禮賞不倦則士爭死

孫履恒曰崇禮重祿前已言之矣茲復丁寧之重在不倦其如尉繚兵談治本之說而後崇重有藉乎漢高論得天下稱酇侯曰鎮國家撫百姓給餽餉不絕糧道吾不如蕭何然則在君在相不在將也將不過忘其家如趙奢得賞賜盡以與軍吏士大夫而已

軍讖曰興師之國務先隆恩攻取之國務先養民以寡勝衆者恩也以弱勝强者民也故良將之養士不易於身故能使三軍如一心則其勝可全

孫履恒曰隆恩即是重祿養民即是下下得一士勝得千軍故曰以寡勝衆民雖微聚而成丘故曰以弱勝强不易者非别有養士之法也如養身而已身之痛痒時時摩搔士之困窮時時體恤養士如身養民如士是通天下爲一身也旣一其身自

一其心心身臂指自捍自衛有不全勝者否

軍識曰用兵之要必先察敵情視其倉庫度其糧食卜其强弱察其天地伺其空隙故國無軍旅之難而運糧者虛也民菜色者窮也千里饋糧士有饑色樵蘇後爨師不宿飽夫運糧千里無一年之食二千里無二年之食三千里無三年之食是謂國虛國虛則民貧民貧則上下不親敵攻其外民盜其內是謂必潰

孫履恒曰用兵必先視度敵之倉庫糧食而視度巳之倉庫糧食叓在敵先强弱亦從倉庫糧食而見天地之雨暘虛實之原也空隙者虛也此根本之論運糧千里虛一年之食二千里虛二年之食三千里虛三年之食則未必然葢有千里之運則有千里之疆有二千里三千里之運則有二千里三千里之疆若運在百里剥床以膚切近災矣然行師十萬日費千金剏東西交訌轉輸數千里征

討十餘年國虐民貧外寇内盜恐言哉
明天子減膳停織眞有大不得已者然一人之節嗇有
限軍民之耗蠹無窮胡不大加料理改絃易轍不
嫌驚世駭俗而使餉足民足乎或曰子試言之而
予試聽之曰服食之當節愚于尉繚治本已發之
矣又何必復有已言之已行之者邊塞之當屯也
鹽政之當復也冗員之當裁也老弱之當汰也貪
墨之當懲也虛冒之當查也又何必襲責實焉可

免音問其制以布廣一寸從項中而前交于額又卻向後而繞於髻也祖肉袒

也有言之而未嘗言行之而未嘗行者如宗祿如馬政如驛傳是也有舉世所不敢言而吾創言之者佛氏是也請次序其說以聽知我罪我易窮則變變則通通則久今之宗藩可不用易乎出城諸禁弛矣仕進之途開矣五世祖免六世而親屬絕雖已議裁而猶未盡裁者上加意親親下懼爲禍首也豈無所以善其裁乎愚少從先大行壯而遨遊閱歷兩直中原一望荒蕪

免而祖袒而踊先後之次也此五世之服

不勝駭異及知傳羅見列山之間有平壤焉或一二千畝或數百畝或百餘畝可耕可種設處捐貲募民開墾不過十中之一二非田之不可耕而民之不樂耕也細民墾成豪民攘奪家有蓋藏盜即剽掠令非土官何能常定以一方度之而赤縣神州可勝曠土請歸封建及井田之意遣使與諸藩商確曰

朝廷無日不念天潢困苦如自受之而歲額有數雲

耳無數今與　諸王約自將軍中尉以下給某處田若干給堂構器若干給耕種本若干以後歲祿弗與朱門賜扁聽治有司勿有所挾散支葉於人間可以弭怨收包茅於累葉可以佐犧則暫借內帑數萬而歲減國庫二三萬而餉可足也昔戰國時燕趙皆邊胡虜者也藉秦之說燕王曰燕地方二千里帶甲數十萬騎六千匹夫以燕之西趙東齊北虜三面戰守而騎不過如此其說趙王曰趙

地方二千里帶甲數十萬騎萬匹夫以趙之左秦右燕靣齊背胡四靣受敵而騎不過如此則一靣奴虜之用騎如燕如趙而後矣嘗見熊廷弼疏曰馬只有二萬匹是甚憂其少也又竊計今日寧遠之衆不過十二萬凡騎必射鎮之善射者幾千人夫長鎗大刄勁弩巨炮皆步兵彌車者也周制攻車一乘七十二人甲士三人共七十五人守車一乘炊子十人守裝五人廄養五人樵汲五人共二

十五人攻守二乘凡百人百人而騎三匹千人而騎三十萬人而騎三百十萬而騎三千今謂戰守不同古今時異故曰如燕則倍之矣曰如趙則再倍之矣奈何二萬而憂不足夫騎匈奴之長技也車步中國之長技也舍中國之長技而用匈奴之長技不亦悖乎且寧遠務恢復而諸鎮堅壁壘又宜減也減一騎歲減五十兩減萬騎而歲減五十萬兩矣而餉可足也奔走萬靈流通血脈知會消

息全賴驛傳似不可輕言省然省一小差便省百
金如催錢糧催榜紙不可行文乎省一迎送亦省
數兩撫按出境入境道府往來如織不可禁止乎
承差一至驛遞騷擾如捕除進本解册外刺截不
可節嗇乎一中差之出轎七八乘槓十餘擡一轎
夫兩班是六十餘名也一槓夫三名是三十人也
加以皂傘旗銃鼓吹又數人也夫尋常之差用夫
如此馬稱之况有大焉者愚以爲小車一乘可載

行李百娟人二重則遲輕則疾卽優皇華之伉儷而亍轎半亍車半而槓亦從是而殺則歲可省數萬兩而定爲例驛傳道解節省銀若干則轉疾而地矣誰不競進有餘而餉可足也一人之貧富全視百姓之貧富百姓貧而大盜起軍興不𧶘嘗觀梁魏武后之世僧尼徧天下梵宇擬王宫而海内大亂此猶祟之自上而今則趨之自下百步一庵三里一寺白蓮倡亂無爲主盟剃度無牒創建自

私佳山勝地團聚千人異言異服説法談經禖坐男女羅拜縉紳非送外而預脩造黃白而寄庫施捨不顧無擔石進香不遠數千里萬曆天啟間三輔中原絡繹朝山亭臺宮殿丹漆金泥華傘數十一行數百一日數見冣可笑者旌建碧霞元君戶念阿彌陀佛聲徹輦轂而不問衝突使君而不驚而不知其爲民之賊財之蠹莫甚於此非佛氏之過佞佛之過也又非愚民之過宰官之過也夫吾

儒圖見在而佛氏營未來未來之虛何如見在之實夫恐今歲之饑寒而要明歲之飽煖然且不可而況茫然無所據憑之後世存而勿論可也敬而遠之可也即引天下而從之不必違天下而非之而佛以慈悲爲主必不肯瘠人而肥已佛以善信爲徒必不藪盜賊而納汙垢佛以貪淫爲戒必不溷雄雌而墮防維佛以虛無爲教必不變繁華而舍清淨則禁無名之梵刹而材木不可勝用禁山

中之團聚而禪門庻幾銷孽禁入寺之婦女而風俗於是有別禁頂脩之懺悔而青黃自茲可接而官給度牒及進香批查其有無而戶口可增跋涉可省銖錙可積此又足民以足國而餉可足也愚於治本之外揣摩此四事以俟

廟堂之採擇客曰致仕不忘君忠之至也

軍讖曰上行虐則下急刻賦重歛數刑罰無極民相殘賊是謂亡國

孫履恒曰上虐下急如鞭噬狗而策蹄馬捷於影響賦重歛數刑罰無極正是虐民相殘賊正是急刻國之亡非下亡之也上自亡耳煩刑重歛之禍如此

軍讖曰內貪外廉詐譽取名竊公爲恩令上下昏飾躬正顏以獲高官是謂盜端

孫履恒曰廉必澈於夢寐恩必推之主上官必獲之真品不然者皆盜端也身既爲盜必且招盜故

易曰負且乘致寇至

軍讖曰羣吏朋黨各進所親招舉姦枉抑挫仁賢背公立私同位相訕是謂亂源

孫嚴恒曰朋黨之興仁賢之厄君能去之卿士如一將能去之士卒并力若不能去禍亂必及

軍讖曰强宗聚姦無位而尊威而不振葛藟相連種德立恩奪在位權侵侮下民國內諠譁臣蔽不言是謂亂根

孫臏恒曰强宗聚奸如晋趙齊田當其始亶姤豕
耳人君玩而不覺漸至尾大不掉脛大于股不移
祚不止葛藟相連蔓難圖也種德立恩厚于施也
馭之者其童牛之牿乎

軍讖曰世世作姦侵盜縣官進退求便委曲弄文以
危其軍是謂國姦

孫臏恒曰作姦盜官求便弄文此所謂禾螟墓狸
一刻不可優容奈何使世世盤據責在君不在奸

也

軍讖曰吏多民寡尊卑相若强弱相虜莫適禁禦延及君子國受其害

孫履恒曰汰冗吏而民不寡矣上其尊而卑自下矣鋤其强而弱自安矣不知禁禦所謂二君一民犯上無等横民所處君子可以去矣其何能國

軍讖曰善善不進惡惡不退賢者隱蔽不肖在位國受其害

孫臏佰曰不斷之罪與不明等明知其善而不能進賢者掛冠明知其惡而不能退不肖連袂爝火徵光前人煬竈宂竟不明而已害莫大焉

軍識曰枝葉强大比周居勢卑賤陵貴久而益大上不忍廢國受其敗

孫臏佰曰枝葉强大卽强宗聚奸比周居勢卽羣吏朋黨卑賤陵貴卽尊卑相若久而益大上不忍廢卽惡惡不退二亂二害并之故敗

軍讖曰佞臣在上一軍皆訟引威自與動違於衆無進無退苟然取容專任自巳舉措伐功誹謗盛德誣述庸庸無善無惡皆與巳同稽留行事命令不通造作苛政變古易常君用佞人必受禍殃

孫履恒曰佞臣在上一軍皆訟是引子下是皆訟之故引威自與動違於衆失人心也無進無退苟然取容患得失也專任自巳舉措伐功襲勳勞也誹謗盛德誣述庸庸淆是非也無善無惡皆與巳

同相比周也稽留行事命令不通阻喉舌也造作
苛政變古易常亂政事也有此七罪不投畀豺虎
而使立廟堂豈不殆哉
軍讖曰奸雄相稱障蔽主明毀譽並興壅塞主聰各
阿所私令主失忠故主察異言乃觀其萌主聘儒賢
姦雄乃遷主任舊齒萬事乃理主聘岩穴士乃得實
謀及負薪功乃可述不失人心德乃洋溢
孫履恒曰奸雄又進佞臣一步佞臣者口足以禦

人奸雄者才足以障主毀譽並興各阿所私皆奸雄之播弄其用意深而發言異庸君浸淫其說明主達觀其萌然知人則哲惟帝其難儒賢奸雄不並立聘此遷彼不留行任舊齒者樹儒賢之招聘岩穴者窮儒賢之窟奸雄其遷哉如此則負薪不棄矣人心不失矣功成德沛即此而是非有等待也

中畧

夫三皇無言而化流四海故天下無所歸功帝者體天則地有言有令而天下太平君臣讓功四海化行百姓不知其所以然故使臣不待禮賞有功美而無害王者制人以道降心服志設矩備衰四海會同王職不廢雖甲兵之備而無戰鬭之患君無疑於臣臣無疑於主國定主安臣以義退亦能美而無害霸者制士以權結士以信使士以賞信衰則士疏賞虧則

士不用命

孫履恒曰無言之化邈乎不可尚已帝者體天則地以仁義恭陰陽剛柔也中庸云考諸三王而不繆建諸天地而不悖是王亦體天則地與帝合符設矩者絜矩也帝者即心是矩王者設而絜之安勉之分也備衰則不得不備甲兵矣覇者制士以權以信以賞正是權也陶鑄帝王節取覇畧者即設矩備衰不必非帝即信結賞使不必非王時有

升降因之而已

軍勢曰出軍行師將在自專進退內御則功難成孫臏恒曰此即將在軍君命有所不受然此語誤人亦多矣李武安之不受將代鄧安西之事宜輒行岳必保之不從和議其最烈者然則柰何曰覸定形勢旬日之間可以破敵專之可也若猶在兩持則東西南北惟命之從而已且視臣主相信何如將相調和何如未可執一論也

又曰觀進退內御則功難成語氣是重在主不御非重在將自專

軍勢曰使智使勇使貪使愚智者樂立其功勇者好行其志貪者邀趨其利愚者不顧其死因其至情而用之此軍之微權也

孫履恒曰大匠用木隨其大小曲直大將使人隨其智勇貪愚然智勇之使顯而貪愚之使微使貪有四貪財貪色貪爵貪名使愚有三愚其耳愚其

目愚其知識因其性情游移銖錙不爽毫釐此之謂權

軍勢曰無使辯士談説敵美爲其惑衆無使仁者主財爲其多施而附於下

孫臏恒曰無使辯説敵美是矣無使仁者主財不亦過乎蓋必無私而後謂之仁若多施附下此竊國之奸雄耳

軍勢曰禁巫祝不得爲吏士卜問軍之吉凶

孫履恒曰卜吉凶則生趨避不得不禁當與無使辯士談說敵美合做一條

軍勢曰使義士不以財故義者不爲不仁者智者不爲闇主謀

孫履恒曰千里馬一日數石芻使義士亦少不得財苐所以激發義士者不似養鷹養犬在平日眞心實意有可以揭天日泣鬼神者生我者父母成我者主將而衆人之談吐津津忠愛肝膈勃勃忠

勇況義士哉智與明遇如石投水智與闇遇如水
澆石立談而已遁矣
主不可以無德無德則臣叛不可以無威無威則失
權臣不可以無德無德則無以事君不可以無威無
威則國弱威多則身蹶
孫履恒曰君臣俱不可以無德庸人皆知之何必
畧說且無德不可以事君又可以使下乎威命靈
爽總是君權人君不可下落人臣不可上擬威多

身殲如秦之商鞅楚之吳起唐之崇韜皆一世奇才猶不免焉而況招權納賄之權奸乎

故聖王御世觀盛衰度得失而爲之制故諸侯二師方伯三師天子六師世亂則叛逆生王澤竭則盟誓相誅伐德同勢敵無以相傾乃孽英雄之心與衆同好惡然後加之以權變故非計策無以決嫌定疑非譎奇無以破奸息寇非陰計無以成功

孫臏曰三皇之世民芚愚而俗渾噩嗜欲澹而

爭競無兵猶可以不設五帝之後衣裳既興人文漸著民有卉衣美食之思遂有忮忌貪求之事故曰聖人不死大盜不止雖非正論亦有為之言也聖王安得不觀氣化之盛衰度人事之得失而制之兵乎二師三師六師皆聖王因封疆之大小物力之羸縮而定等威之隆殺聖王既沒不能常治無亂王澤既竭不免此誓彼盟地醜德齊莫能相尚則學英雄之心而遏志於衆不可已也又加之

權變以制其兵計策譎奇陰計皆權變也兵不厭詐太公且然而謂義兵不用詐謀奇計能不身死人手為天下笑

聖人體天賢人法地智者師古是故三畧為衰世作上畧設禮賞別姦雄著成敗中畧差德行審權變下畧陳道德察安危明賊賢之咎故人主深曉上畧則能任賢擒敵深曉中畧則能御將統衆深曉下畧則能明盛衰之源審治國之紀人臣深曉中畧則能全

功保身夫高鳥死良弓藏敵國滅謀臣亡亡者非喪其身也謂奪其威廢其權也封之於朝極人臣之位以顯其功中州善國以富其家美色珍味以悅其心夫人衆一合而不可卒離權威一與而不可卒移還師罷軍存亡之階故弱之以位奪之以國是謂霸者之畧故霸者之作其論駁也存社稷羅英雄者中畧之勢也故勢主秘焉

孫履恒曰聖人體天神明三畧象其圓也賢人法

地表裏三略象其方也智者師古揣摩三略擬其則也太公動稱軍識軍勢其智者與故三略者人主聰明之實權度所出缺一不可君道會其全臣道取其偏則一中略而足矣中略之要曰高鳥死良弓藏敵國滅謀臣亡識此者全功保身昧此則戚多身殲就擒雲夢身死未央之淮陰而已悔何及哉孫武范蠡張良超然遠引固出世之異人也衛青禔己勞謙逢君廣大郭子儀還唐室于喪亡

玩權奸于股掌名負華夷之重身寄聲伎之娛所謂入水不濡入火不熱諸君子皆深曉中畧而汾陽王猶深之深者也然人臣固當自諭人主詎可不講究所以保全功臣故宜揭亡字而爲之解曰亡者非喪其身也謂奪其勢廢其權也奪廢之詞勇而不靡奪廢之用神而不知尊之位極人臣富之腷裏善地悅之美色珍味是也葢人衆一合不可卒離權威一與不可卒移還師罷軍存亡之階

故以尊之之道弱之富之之道奪之此霸者之畧雖未純王乎然人主得是說而寶之則足以存社稷羅英雄御將統衆秘之秘之無徒驕語王道羞稱霸畧也

昆蟲虫之總名人爲裸虫亦在其中

下畧

夫能扶天下之危者則據天下之安能除天下之憂者則享天下之樂能救天下之禍者則獲天下之福故澤及於民則賢人歸之澤及昆蟲則聖人歸之賢人所歸則其國強聖人所歸則六合同求賢以德致聖以道賢去則國微聖去則國乖微者危之階乖者亡之徵

孫履恒曰天於億兆之中獨畀人主於安樂福澤

豈有私哉爲其能扶天下之危除天下之憂救天下之禍也言天下則澤及兆民矣其惟賢主乎故賢人歸之言天下則澤及昆蟲矣其惟聖主乎故聖人歸之各隨其分量所及而卜其聲氣之合德感人心道通血氣德與德配道與道符德薄而民不被澤賢人所去道悖而物不被澤聖人所去賢聖去而國事日非危亡可立而待雖分屬如此然一歸而靡不歸一去而靡不去要之聖君德也賢

臣道也無聖則賢亦君天生聖人不爲賢主屈天生賢人必爲聖主用此下畧未盡之意或曰如子言五臣猶未聖與曰聖矣而猶未若堯舜上文所謂聖人歸之也然則太公周公猶未聖歟曰太公固是英雄周公固聖而武王弟也若周公而君置成王于何地于管蔡以口實公亦不得爲聖人矣賢人之政降人以體聖人之政降人以心體降可以圖始心降可以保終降體以禮降心以樂所謂樂者

非金石絲竹也謂人樂其家謂人樂其俗謂人樂其業謂人樂其都邑謂人樂其政令謂人樂其道德如此君人者乃作樂以節之使不失其和故有德之君以樂樂人無德之君以樂樂身樂人者久而昌樂身者不久而亡

孫履恒曰降體降心主降臣亦降民亦降降體可以圖始者體者禮也賢人者具體聖人而未化者也夫禮天之經也地之義也民之行也賢君之體

此一段出禮記

此一行出春秋

禮也爲君臣上下以則地義爲夫婦外內以經二物爲父子兄弟姑姊甥舅昏媾姻亞以象天明也○六親和而事父嚴者衆星拱辰極也爲政事庸力民功曰庸治功曰力行務以從四時爲刑罰威獄以類震曜殺戮爲慈恩惠和以效天之生植長育哀有哭泣樂有歌舞喜有施舍怒有戰鬭乃可以協天地之性故曰禮所以守其國行其政令無失其民者也體禮立于朝廷便足以傾臣民之心豈亶謙恭玉帛而已哉而猶未若聖人之降心以樂者何也聖

可謂出入六經羨牆二帝

人未嘗廢禮而有一團太和元氣非金非石非絲非竹流行於禮制浹洽於人心而人樂其家人樂其俗人樂其業人樂其都邑人樂其政令人樂其道德樂者音之所由生也宮爲君商爲臣角爲民徵爲事羽爲物而後詩言志歌永言聲依永律和聲小者不窕大者不槬華去聲八音克諧神人以和擊石拊石百獸率舞故不曰澤及兆民而曰澤及昆蟲雖百世猶將保之結而言曰有德之君以樂樂人

此一段出禮記

此一行出春秋

禮也爲君臣上下以則地義爲夫婦外内以經二
也　六親和而事父嚴君衆星拱辰極也
物爲父子兄弟姑姊甥舅昏媾姻亞以象天明爲
民功曰庸治功曰力
政事庸力行務以從四時爲刑罰威獄以類震曜
殺戮爲慈恩惠和以效天之生植長育哀有哭泣
樂有歌舞喜有施舍怒有戰鬭乃可以協天地之
性故曰禮所以守其國行其政令無失其民者也
體禮立于朝廷便足以傾臣民之心豈宜謙恭玉
帛而已哉而猶未若聖人之降心以樂者何也聖

可謂出入六經羹牆二帝

人未嘗廢禮而有一團太和元氣非金非石非絲非竹流行於禮制浹洽於人心而人樂其家人樂其俗人樂其業人樂其都邑人樂其政令人樂其道德樂者音之所由生也宮爲君商爲臣角爲民徵爲事羽爲物而後詩言志歌永言聲依永律和聲小者不窕大者不槬華去聲八音克諧神人以和擊石拊石百獸率舞故不曰澤及兆民而曰澤及昆蟲雖百世猶將保之結而言曰有德之君以樂樂人

無德之君以樂樂身夫曰求賢以德致聖以道而此獨曰德者道不可得見而思其次也而能以樂樂人則賢君亦豈不心降而保其終乎樂人者久而昌樂身者不久而亡德可一日少哉或曰子之論典矣然用兵而談禮樂猿狙而衣冠之也曰不聞諸孔子我戰則克我祭則受福蓋得其道矣禮樂之謂也即以兵事論蔿賈之料子玉敗也曰剛而無禮晋文之覇也登有莘之虚以觀師曰少長

有禮其可用也穰苴吳起尉繚兵家者流也苴曰古者逐奔不過百步縱綏不過三舍所以明有禮也起曰制國治軍必教之以禮又曰有道之主將用其民先和而造大事尉繚曰古者率民必先禮信而後爵祿稱引如此思服可知故軍門稱和門和者樂之所由生也必如是而後全勝于天下不然而取勝者如良醫偶遇急症以毒攻毒一時之奇方非長生之妙訣

釋近謀遠者勞而無功釋遠謀近者佚而有終佚政
多忠臣勞政多怨民故曰務廣地者荒務廣德者強
能有其有者安貪人之有者殘殘滅之政累世受患
造作過制雖成必敗
孫履恒曰釋近謀遠者圖啓疆也釋遠謀近者脩
內治也謀發於政而民受之民報其政而國受之
佚忠勞怨如燈取影如響應聲故曰務廣地者荒
務廣德者強能有其有者安貪人之有者殘而范

睢敎秦遠交近攻無乃非謀近之意乎一統業成嬴滅於呂秦亡於胡雖成必敗公豈欺我

舍巳而敎人者逆正巳而化人者順逆者亂之招順者治之要

孫履恒曰舍巳而敎人如亢旱苗枯責隣人具桔槔自討傻宜何其逆也正巳而化人如靈雨疇溢率鄰人開溝洫彼此俱傻何其順也逆則召逆爭鬩繇起順則召順友助自然

道德仁義禮五者一體也道者人之所蹈德者人之所得仁者人之所親義者人之所宜禮者人之所體不可無一焉故夙興夜寐禮之制也討賊報讎義之決也惻隱之心仁之發也得已得人德之路也使人均平不失其所道之化也

孫履恒曰以道起以道收可見道爲德仁義禮之總關尹所謂本無首末無尾魚環游之不知其幾千萬里此聖人所以包裹六合澤及昆蟲

出君下臣名曰命施於竹帛名曰令奉而行之名曰政夫命失則令不行令不行則政不立政不立則道不通道不通則邪臣勝邪臣勝則主威傷千里遐賢其路遠致不肖其路近是以明君舍近而取遠故能全功尚人而下盡力

孫履恒曰命令可分而不可分記曰王言如絲其出如綸王言如綸其出如綍夫王言固命也易曰后以施命誥四方夫不假竹帛而何以誥四方故

曰命猶令也夫命令猶虐而施政乃實往往有命令慈祥而施爲苛刻者故仁言不如仁政也仁政卽先王之道政立則道通不立則不通而邪臣勝主威傷如壅隄潰而潢流漂廬無所不至然賢人者立政之人道而不肖者邪臣之氣類天之生賢人少而不肖多故千里一士君比肩觸處萋靡若秋草天下無求售之賢人而多柔媚之不肖故違不獨形迹而在世情迒不惟伏戎而爲剝膚然則

奈何賢不肖不並立此進則彼退矣賢與賢相應求一進則俱進矣衆山之間必有茂林數里之中必有富室百家之閭必有窈竉十室之内必有忠信無翼而飛者聲也不脛而走者名也不要而至者市也無根而固者情也物聚於所好士歸於知己君子患不好賢耳詩不詠乎所謂伊人在水一方遡洄從之道阻且長是甚憂其遠也夫誠憂其遠而賢自近矣不肖自遠矣功自尚人矣下自

盡力矣

廢一善則衆善衰賞一惡則衆惡歸善者得其祐惡者受其誅則國安而衆善至

孫臏佰曰國家之興衆君子扶之而不足奈何使衆善解體由廢一善也國家之替一小人敗之而有餘奈何使衆惡轄集由賞一惡也廢賞之間所關甚鉅祐必及善誅必及惡則善安而國安惡去而善至栽培傾覆天之道也遏惡揚善有之大也

衆疑無定國，衆惑無治民。疑定惑還，國乃可安。

孫履恒曰：承上言慶賞不當，則衆疑矣，衆惑矣。疑者各據一是，朝如聚訟；惑者各持兩端，野如縣旌，皆危道也。明主用其中而疑自定，指其極而惑自還，是故心安身安而國從是而安。

一令逆則百令失，一惡施則百惡結。故善施於順民，惡加於凶民，則令行而無怨。

孫履恒曰：此亦承慶一善，賞一惡而言，罰不當其人如嘉禾將升風雨摧折豈非逆令施不當其人如狼莠宜鋤灌溉培植寧不盤結此所謂倒行逆施雖令不從徒網民慼其必以善施善藹如陽春大快民心以惡懲惡震如雷霆大畏民志使慼治慼是謂逆天使讐治讐其禍不救治民使平致平以清則民得其所而天下寧

孫履恒曰此段須看一治字治與報不同我未爲君未必無慼讐我旣爲君卽治慼讎不宜深文

法如光武怨更始不使怨更始者治更始之黨如太宗讎建成元吉不使讐建成元吉者治建成元吉之黨蓋怨讎兩無則胸中平恕巳殲渠魁不捜小醜以怨治怨以讎治讎假上之靈快巳之憤上干天和與戎致冦可勝道哉故治黨者不期峻而期平平刑者不在政而在淸淸心寡欲怨銷讐復然怨淺而讐深淺者宜忘辱巳可尉射鉤可相深不共戴中副鞭屍是也愚請更之曰使怨報怨罔

不違憲使讐復讐兵家陰謀
犯上者尊貪鄙者富雖有聖主不能致其治犯上者
誅貪鄙者拘則化行而衆惡消
孫履恒曰舉世好承奉旨韋便辟道其誠金膏翠
羽將其意今天下不憂犯上而憂貪鄙成風人有
言文官不愛錢武官不惜死愚足之曰大官不愛
錢小官不貪鄙其又誰敢犯上蓋上入苞苴下安
得復淸白以貪事貪下言而上必然上抑而下必

亢是一犯也以清事貪上無浹洽之心下懷覦忽之意是又一犯也上不受苞苴清者固無事貪鄙墨者亦不敢貪鄙守令見監司若嚴主監司見撫按若嚴主等而上之可知也如是而猶有犯者其必强項之董宣戮僕之韓厥呵冀之張陵方嚴之包拯則權貴可使斂袵引車大將軍可以長揖不拜孔子曰勿欺也而犯之夫能勿欺則天子猶將犯之而況其下者

淸白之士不可以爵祿得節義之士不可以刑威脅
故明君求賢必觀其所以致焉致淸白之士修其禮
致節義之士脩其道然後士可致而名可保
孫履恒曰節義之士不可以刑威脅如市南宜僚
承之以劍而不動固矣淸白之士不可以爵祿得
豈今之淸華厚實俱少淸白耶非然也封建之世
彼此借材畧爲國君設延擊之法當必有出爵祿
之外而行徵聘之禮者上言致聖以道而此曰致

節義之士脩其道得無視節義太高而責人主太
難愚謂能脩其禮而節義與淸白俱至矣且上畧
云禮崇則智士至祿重則義士輕死則爵祿者亦
節義之香餌也
夫聖人君子明盛衰之源通成敗之端審治亂之機
知去就之節雖窮不處亡國之位雖貧不食亂邦之
粟潛名抱道者時至而動則極人臣之位德合於巳
則建殊絶之功故其道高而名揚於後世

孫履恒曰聖人君子參天地而荷民物看得此身重于泰山存得此心光于日月游亂亡之外倏機會之投易所謂介如石焉寧用終日詩所謂既明且哲以保其身或曰所貴乎聖人君子否可轉而泰蠱可作而臨若必盛必成必治而後就見衰見敗見亂即引去則反不如包胥之復楚樂毅之興燕矣曰畧所謂源也端也機也非形見勢彰者也一國之興替全係乎君君明則衰爲盛基敗爲成

基亂爲治基君闇則盛郎衰始成郎敗始治郎亂始聖人君子正明通詳審乎此楚君燕君僉謚曰昭皆明主也包胥固是楚臣又逢明主乞秦之强收楚之散回覆而復有炊無二忠臣杰士不得復論盛衰成敗治亂若樂毅者負經世之才遇市駿之主正所謂盛之源成之端治之機于此不就才於何究此兩昭者樂子就之聖人君子亦就之不處亡國正處此國不食亂粟正食其粟將見功勳

殊絶望諸道德照耀天壤若必堯舜湯武而後委
質千古無明良矣
聖王之用兵非樂之也將以誅暴討亂也夫以義誅
不義若決江河而溉爝火臨不測而擠欲墜其克必
矣所以優游恬淡而不進者重傷人物也夫兵者不
祥之器天道惡之不得已而用之是天道也夫人之
在道若魚之在水得水而生失水而死故君子常懼
而不敢失道

孫履眉曰以義誅不義若決江河而灌爝火臨不測而擠欲墜則武王克商何必尚父哉觀其優游恬淡一語則觀兵孟津歸休二年以待紂悛尚父參贊之力居多焉蓋天怒未甚民怨未極飛廉惡來驅七十萬衆以當周之四萬五千諸侯之四千乘雖大獲全勝不無殺傷殺我之士卒不樂殺商之士卒亦不樂故優游恬淡以俟其誅囚叔父播棄黎老暴虐百姓崇信逋逃而後行天之討報民

之讐前徒倒戈陣開武馳行弔伐之事無屠戮之慘洗人間之愁開清寧之宇是謂天道蓋民者天之所生天之所愛君亦在所生所愛之中而爲生愛主殺人以安人則爲得道得道者生殺人以快心則爲失道失道者死是故見罪人而泣戮罪人而爲之不舉樂彼失其生吾澤之枯惟其游滋生之路乃逵還活潑之天故曰夫人之在道若魚之在水令人瞿然返死之道歸生之道矣

豪傑兼職國威乃弱殺生在豪傑國勢乃竭豪傑低首國乃可久殺生在君國乃可安四民用虛國乃無儲四民用足國乃安樂

孫履恒曰古今言豪傑多矣然必曰英雄豪傑是英雄加豪傑一等夫英雄猶將擘之而謂豪傑兼職國威乃弱則將置豪傑于何地何用夫英雄籠蓋一世而豪傑拔出等夷英雄必聖主馭而豪傑爲賢主驂主而庸英雄借資而豪傑解體能使豪

傑低首者非聖卽賢也然殺生必不可下移神叢一假欲還則决不還則枯故君子諜始若四民與國爲虛實此根本之論學士所習聞貪主所眇忽也

賢臣内則邪臣外邪臣内則賢臣斃内外失宜禍亂傳世

孫履恒曰賢邪内外泰否攸分世主知之只是鷹鸇鸞鳳豺狼騶虞胸中無眞見故不覺以賢爲邪

以邪爲賢眞見何來明德是也致知格物大人克明未易合符往行前言已試明鑑何難對照假如披覽下畧明盛衰之源審治國之紀者上也即次者念及此條瞿然愯然便覺左右前後承顏順旨之無味而逆耳忤心之有裨者君以此思賢則賢可知已以此思邪則邪可知已賢邪既辨内外得宜以能保我子孫黎民尚亦有利哉反是則禍亂傳世

大臣疑主衆奸集聚臣當君尊上下乃昏君當臣處上下失序

孫履恒曰天下奸邪如蒼蠅之集羶臭但知其利又如飛蛾之投夜燭不知其害又如蚊蝨之刺人血不知其利之即害大臣疑主如狐假虎威虎一見之狐爲虎食又如子弄父兵父雖被逆法將討子大臣不利而况衆奸此所謂臣當君尊爲臣疑者固昏疑主者亦昏附疑主者更昏故曰上下乃

昏臣既疑君而君當臣處勢不兩重其所由來者
漸矣

傷賢者殃及三世蔽賢者身受其害嫉賢者其名不
全進賢者福流子孫故君子急於進賢而美名彰焉

孫履恒曰賢人者國家之楨而子孫之蔭也故傷
賢者服上刑蔽賢者次之嫉賢者又次之蓋傷賢
者不惟蔽之嫉之神弓鬼矢不斃不止蔽賢者豐
蔀煬竈不與同朝矣嫉賢者雖與同朝不喜游揚

好爲洗索所謂入宮見妒忌其相形者也故君子吐哺而晉接之朝見而夕薦之小試而大用之甚至自謂不及避賢者路非直爲賢也所以爲國也非直爲國也亦以自爲也非直爲名也正以爲實也積實吾恃而自傷之自蔽之自嫉之榱折榱崩身將厭焉何不思懼

利一害百民去城郭利一害萬國乃思散去一利百人乃慕澤去一利萬政乃不亂

孫履恒曰利一害百者利歸私室奪民田産子女故民去城郭而竄山林利一害萬者利歸帑藏小人言利爲暴故民離父子而散四方去一私室之蠹而百室充盈人乃向慕矣去一小人之害而萬人稟成政乃畫一矣君子者何不使利百利萬而使利一哉梁冀之三十餘萬萬元載之胡椒八百石商辛之鹿臺鉅橋唐德之瓊林大盈可鑒也

東谷子商賈武經七書卷之七

衷谷子商隲武經七書卷之八

吳湖孫履恒丈著

文韜

文師第一

文王將田史編布卜曰田于渭陽將大得焉非龍非彲音痴非虎非羆兆得公侯天遺汝師以之佐昌施及三王文王曰兆至是乎史編曰編之太祖史疇為禹占得皐陶兆比於此文王乃齋三日乘田車駕田馬田

於渭陽卒見太公坐茅以漁文王勞而問之曰子樂漁耶太公曰君子樂得其志小人樂得其事今吾漁甚有似也文王曰何謂其有似也太公曰釣有三權祿等以權死等以權官等以權夫釣以求得也其情深可以觀大矣文王曰願聞其情太公曰源深而水流水流而魚生之情也根深而木長木長而實生之情也君子情同而親合親合而事生之情也言語應對者情之飾也言至情者事之極也今臣言至情不

諱君其惡之乎文王曰惟仁人能受直諫不惡至情、何爲其然、太公曰緡微餌明小魚食之緡綢餌香中魚食之、緡隆餌豐大魚食之、夫魚食其餌乃牽其緡、人食其祿乃服于君故以餌取魚魚可殺以祿取人人可竭以家取國國可拔以國取天下天下可畢嗚呼曼曼綿綿其聚必散嘿嘿昧昧其光必遠微哉聖人之德誘乎獨見樂哉聖人之慮各歸其次而立歛焉文王曰立歛何若而天下歸之太公曰天下非一人之天下乃天下之天下也同天下之利者則得天下擅天下之利者則失天下天有時地有財能與人共之者仁也仁之所在天下歸之免人之死解人之難救人之患濟人之急者德也德之所在天下歸之與人同憂同樂同好同惡者義也義之所在天下赴之凡人惡死而樂生好德而歸利能生利者道也道之所在天下歸之文王再拜曰允哉敢不受天之詔命乎乃載與歸立爲師

孫履恒曰太公以漁對文王觸景生情已見魚水之歡矣三權者因情而用權其實在後源深而水流水流而魚生之上有淵泉涵育之主則下有水流物生之民情固如此根深木長一段又是源深水流之譬情同而親合親合而事生之正是源深水流魚生之趣蓋君民臣主情同魚水則事功生矣言語應對非至情也至情毫無粉飾直言不諱惟仁人能受直諫不惡至情一句讀緍微餌明以

下一十八句總是上畧所謂禮賞太公千言萬語此是要訣韓信登壇說漢王曰以天下城邑封功臣何所不服此以家取國以國取天下之說可見英雄豪傑作用不過如此只是他認得真耳曼曼綿綿無收拾也嘿嘿昧昧善韜晦也德誘者誘天下來歸而歛其心故又曰並歛天下非一人之天下乃天下之天下此語極痛切知此者同利同利則得天下不知此者擅利擅利則失天下仁德義

道能同者也仁德道俱曰歸而義獨曰赴者惟義最决故歸之亦决此赴之說也道爲仁德義總故道收其成能生利者道生財自有官天府地之大道他日治齊通商工之業便魚鹽之利其大凡也非以道生財則仁德義徒爲仲尼之心而無能行矣故曰天下熙熙皆爲利來天下攘攘皆爲利往聖人有見於天下之至情故誘之以此歛之以此葢文王只是一片公心無所利於天下并無誘天

下歛天下之心太公直指至情若曰當商周之際而惟哀此煢獨可謂通志於衆矣而未能擧英雄之心何以大一統之業蓋雖天與人歸必且親合事生故不爲紛飾之語而切實言之如此

盈虛第二

文王問太公曰天下熙熙一盈一虛一治一亂所以然者何也其君賢不肖不等乎其天時變化自然乎

太公曰君不肖則國危而民亂君賢聖則國安而民

治禍福在君不在天時文王曰古之賢聖可得聞乎太公曰昔者帝堯之王天下也上世所謂賢君也文王曰其治何如太公曰帝堯王天下之時金銀珠玉不飾錦繡文綺不衣奇怪珍異不視玩好之器不寶滛泆之樂不聽宮垣屋室不堊甍（音萌）桷椽楹不斲茅茨徧庭不剪鹿裘禦寒布衣掩形糲粱之飯藜藿之羹不以役作之故害民耕織之時削心約志從事于無為吏忠正奉法者尊其位廉潔愛人者厚其祿民有

孝慈者愛敬之盡力農桑者慰勉之旌別淑慝表其門閭平心正節以法度禁邪僞所憎者有功必賞所愛者有罪必罰存養天下鰥寡孤獨賑贍禍亡之家其自奉也甚薄其賦役也甚寡故萬民富樂而無饑寒之色百姓戴其君如日月親其君如父母文王曰大哉賢德之君也

孫履恒曰盈虛治亂在君不在天時文王豈不知而問且其羨墻帝堯久矣又何聞言而曰大哉賢

德之君非後世之附會則太公之設問也凡如此類畧之可也帝堯從事無爲而猶曰賢君則聖人之治更何如曰上世所謂賢君者中畧云三皇無言而化流四海天下無所歸功意高出文明一頭莊生謂天之小人人之君子愚謂上世之賢君中天之聖主也觀其珠玉錦繡珍異玩好淫泆宮室甍楹茅茨不飾不衣不視不寶不聽不垩不斲不翦而鹿裘布衣糲飯藿羮不以役作害耕織何其

泊然無好淡然無取寂然無事故曰削心約志從事于無爲而尊忠正奉法厚廉潔愛人不必有懲貪戒酷之事而治吏無爲矣而愛敬孝慈慰勉農桑旌别表揚不必有補助聽斷之勞而治民無爲矣而平心正節立法禁邪罰必有罪賞必有功不必有放流屠戮之慘而治奸無爲矣而存養無告賑贍禍亡又其無爲中自然流注之恩澤也總之以身利天下不以天下利吾身故結之曰其自奉

也甚薄其賦役也甚寡其民戴之如日月親之如父母聽其言不過節儉愛人之主而孰知解慍之舜無間之禹不殖之湯皆在包纍中故曰大哉堯之爲君也周孔不勝嘆服而況其下者

國務第三

文王問太公曰願聞爲國之大務欲使主尊人安爲之奈何太公曰愛民而已文王曰愛民奈何太公曰利而勿害成而勿敗生而勿殺予而勿奪樂而勿苦

喜而勿怒文王曰敢請釋其故太公曰民不失務則利之農不失時則成之薄賦斂則与之儉宫室臺榭則樂之吏清不苛擾則喜之民失其務則害之農失其時則敗之無罪而罰則殺之重賦斂則奪之多營宫室臺榭以疲民力則苦之吏濁苛擾則怒之故善爲國者馭民如父母之愛子如兄之愛弟見其饑寒則爲之憂見其勞苦則爲之悲賞罰如加於身賦斂如取於已此愛民之道也

孫履恒曰此段太公自爲註疏最明不必作解或

曰文王視民如傷豈猶不知愛民而故問耶曰不

云堅道未見乎負薪猶將詢之而況尚父曰畢竟

有補于聖治否曰文王之治務養民仁之至也太

公之治務宜民義之盡也以義輔仁何爲無裨曰

六事内脫生而勿殺一段補之何如曰按賞罰如

加於身看來是有功而賞則生之曰賞有功于生

未親曰凡有功于民而加賞焉生道不亦多乎

大禮

文王問太公曰君臣之禮如何太公曰爲上惟臨爲下惟沉臨而無遠沉而無隱爲上唯周爲下唯定周則天也定則地也或天或地大禮乃成文王曰主位如何太公曰安徐而靜柔節先定善與而不爭虗心平志待物以正文王曰主聽如何太公曰勿妄而許勿逆而拒許之則失守拒之則閉塞高山仰止不可及也深淵度之不可測也神明之德正靜其極文王

曰主明如何太公曰目貴明耳貴聰心貴智以天下之目視則無不見也以天下之耳聽則無不聞也以天下之心慮則無不知也輻湊並進則明不蔽矣

孫履恒曰史稱禮由人起人生有欲欲而不得則不能無爭爭則亂先王惡其亂故制禮義以養人之欲給人之求使欲不窮於物物不屈於欲夫孰知天冠地履禮制行焉君臣之分也故爲上唯臨爲下唯沉臨無至遠沉無至隱身在臣民之上心

周卑賤之間象天道周流此君體也心懷上行之忠身安下位之分象地道一定此臣體也體者禮也禮之所在卽位之所在而單言主位則有安詳徐紓而常鎮静者則有撝柔節儉而先寧定者則有輕徭薄賦而不爭利者則有虛受平施而不盈亢者以此待物所謂正位居體者也乃若主聽則不妄許以開失守之端不遊拒以成閉塞之患如高山之不可及如深淵之不可測神明既正且静

黈偷上聲黃色也

而邪詞淫聲莫擾其極若乃主明則目耳明聰而心聖智其所以明聰者非恃一己之目耳以天下之目耳爲目耳非恃一己之心慮以天下之心慮爲心慮故冕旒蔽之不極其明黈纊音亢塞之不極其聰渾沌養之不極其鑿斯輻湊並進非星火之明而日月之明矣或曰輻湊並進亦易淆也其爲明不亦難乎曰繩誠陳則不可欺以曲直衡誠設則不可欺以輕重規矩誠錯則不可欺以方圓君子

文王以服事殷當時猶西伯也故直此王字後倣此

審禮則不可欺以詐僞况此輻湊者非無方之民而有方之士執兩端而用中則大禮與天地同節矣

明傳第五

文王寢疾召太公望太子發在側曰嗚呼天將棄予周之社稷將以屬汝今予欲師至道之言以明傳之子孫太公曰王何所問文王曰先聖之道其所起其所止可得聞乎太公曰見善而怠時至而疑知非而

不稱太子而稱世子知文之心者也

處此三者道之所止也柔而靜恭而敬强而弱忍而剛此四者道之所起也故義勝欲則昌欲勝義則亡敬勝怠則吉怠勝敬則滅

孫履恒曰史稱文王寢疾謂世子曰見善勿忘時至勿疑去非勿處此三者道之所止也而明傳以爲太公之言豈太公不聞庭訓而他日再商明傳所見畧同歟抑太公即述文謨以遺後王歟由文言止知止之止也由公言止止簣之止也嘗觀詩

辨得倒

書所載小心翼翼曰明日旦日旻不遑食三分有二以服事殷非桀而靜恭而敬强而弱之能事歟而昆夷可事密人是征則忍而剛也此四者亦文之圖畫也義勝欲則昌欲勝義則亡夫昌圖文名文即師公公之自處則臣也臣可名君歟當武王踐祚尚父道丹書不曰敬勝怠者吉怠勝敬者滅義勝欲者從欲勝義者凶乎所爭只在昌從亡凶者則語助耳何其受遺進銘不嫌重復也愚謂豈

辨者見披閱簡編當自有分曉取其言畧其事而可矣

六守第六

文王問太公曰君國主民者其所失之者何也太公曰不謹所與也人君有六守三寶文王曰六守何也太公曰一曰仁二曰義三曰忠四曰信五曰勇六曰謀是謂六守文王曰謹擇六守者何太公曰富之而觀其無犯貴之而觀其無驕付之而觀其無轉使之

而觀其無隱危之而觀其無恐事之而觀其無窮富之而不犯者仁也貴之而不驕者義也付之而不轉者忠也使之而不隱者信也危之而不恐者勇也事之而不窮者謀也人君無以三寶借人借人則君失其威文王曰敢問三寶太公曰大農大工大商謂之三寶農一其鄉則穀足工一其鄉則器足商一其鄉則貨足三寶各安其處民乃不慮無亂其鄉無亂其族臣無富於君都無大於國六守長則君昌三寶全

則國安。

孫履恒曰人君所與守宗廟社禝者朝與賢士大夫國與農工商賈然惟能與賢士大夫而農工商賈皆得所與矣賢品有六仁義忠信勇謀是也夫賢不肖一見可得其凡而賢之眞贋屢試乃覈其品欲擇六守須用六觀富之以財而觀其無犯禮乎則無欲之仁也貴之以爵而觀其無驕色乎則有制之義也付之以任而觀其無轉念乎則體國

之忠也使之以事而觀其無隱情乎則能蔵之信也危之以難而觀其無恐怖乎則不懼之勇也事之以劇而觀其無困窮乎則優裕之謀也六守在位必不以三寶借人而復丁寧無借人者任用一不當如厚歛減餼取貨困病主德即厚施罷役徵貴尤失主威此國之大寶必握之一人参之六守使農無雜徑一其鄉而穀足工無雜作一其鄉而器足商無雜貫一其鄉而貨足一者各安其業鄉

者不二其向而民寂無慮矣如是而惟民所止何亂乎鄉類族辨物何亂乎族臣守取千取百之分都仍十邑百雉之常六守三寶俱得而君昌國安兩臻矣

守土第七

文王謂太公曰守土奈何太公曰無疏其親無怠其衆撫其左右御其四旁無借人國柄借人國柄則失其權無掘壑而附丘無舍本而治末日中必彗操刀

必割執斧必伐日中不彗是謂失時操刀不割失利之期執斧不伐賊人將來涓涓不塞將爲江河熒熒不救炎炎若何兩葉不去將用斧柯是故人君必從事於富不富無以爲仁不施無以合親疏其親則害失其衆則敗無借人利器借人利器而爲人所害而不終其世文王曰何謂仁義太公曰敬其衆合其親敬其衆則和合其親則喜是謂仁義之紀無使人奪汝威因其明順其常順者任之以德逆者絕之以力

敬之弗疑天下和服

孫履恒曰守土以人馭人以權無疎其親者左右親近之人視之如手足而後衛我如腹心故不可疎而宜撫元后而行撫摩痌瘝常相關也無怠其衆者東西南北之人使之如承祭而後愛我如父母故不可怠而當御轡緩而馭六馬一刻未嘗懈也撫之御之之權乃有國之柄此柄在我無施不可此柄借人動不自由操權者取其平掘壑而附

丘則卑者愈卑高者愈高失其平矣操權者挈其紐舍本而治末則本根既撥枝葉零落失其紐矣操權者必且乘時必且因利必且制人故日中必彗熯易爍也不然則失時矣操刀必割貴犀利也不然則失期矣執斧必伐宜決斷也不然則致寇矣彼不塞涓涓至爲江河不救熒熒至使炎炎不去兩葉至用斧柯皆不知操權而失時失期致寇之類也然則將遵何術以善撫御惟仁可聯疎爲

親合衆爲一而富者博施之具行仁之資不富無以爲仁不施無以合親疏親失衆生害致敗勢所必臻散財得民之仁主夫寧有是國柄者利器也借人利器則倒持太阿悔而欲逐投鼠忌器勝亦兩傷不勝身斃總攬大權之義主夫豈至是欲知仁義不過敬其衆合其親而已敬即無怠合即無疏敬衆衆和合親親喜而威亦從是而立因其同得之明順其日用之常經常正而象上旨以順教

順者仁之所與也任之以德而敬信勿貳親者彌親矣經常正而違上令以逆畔順者義之所禁也絶之以力而必罰無赦合者永合矣故曰天下和服

守國第八

文王問太公曰守國奈何太公曰齋將語君天地之經四時所生仁聖之道民機之情王齋七日北面再拜而問之太公曰天生四時地生萬物天下有民聖

人牧之故春道生萬物榮夏道長萬物成秋道歛萬物盈冬道藏萬物靜盈則藏藏則復起莫知所終莫知所始聖人配之以爲天地經紀故天下治仁聖藏天下亂仁聖昌至道皆然也聖人之在天地間也其寶固大矣因其常而視（治也）之則民安夫民動而爲機機動而得失爭矣故發之以其陰會之以其陽爲之先倡而天下和之極反其常莫進而爭莫退而遜守國如此天地同光

孫履恒曰守國較守土規模弘遠天地之經因四時而生仁聖之道因民機而行經者七政也道者五常也葢天生四時地生萬物仁聖牧萬民是稱三才生長收藏始而終終而始本無首末無尾聖人配之是故長養以象春夏收藏以象秋冬仁義並行以象循環不已大綱正而萬目舉亂於是乎治矣苟有治無亂何藉乎仁聖是治者仁聖韜藏之時也即有仁聖無所事經紀如有堯舜五臣無

大顯庸也惟有亂無治乃須乎仁聖是亂者仁聖冐熾之期也若無仁聖安所得經紀如有桀紂湯武乃有放伐也至道固然夫豈人力葢聖人在天地間大寶在掌握内當其治也不過因其常而視之與民相安而已迨民動而爲機機危道也機動而爲爭爭逆德也不得不發以陰慘而有征伐之兵懲罰之刑於是卽會以陽和而爲德澤之恩勸賞之政上倡下和極反其常復歸於治也賢智不

得過愚不肖不得不及此天地之所以清寧仁聖之所以明新故曰守國如此天地同光

或曰孔子云天下有道則見無道則隱而太公云天下治仁聖藏天下亂仁聖昌何相悖之甚歟曰太公所稱飛龍之大人孔子所稱漸磐之君子

上賢第九

文王問太公曰王人者何上何下何取何去何禁何止太公曰上賢下不肖取誠信去詐僞禁暴亂止奢

傷故王人者有六賊七害文王曰願聞其道太公曰夫六賊者一曰臣有大作宮室池樹游觀倡樂者傷王之德二曰民有不事農桑任氣游俠犯歷法禁不從吏教者傷王之化三曰臣有結朋黨蔽賢智障主明者傷王之權四曰士有抗志高節以爲氣勢外交諸侯不重其主者傷王之威五曰臣有輕爵位賤有司羞爲上犯難者傷功臣之勞六曰强宗侵奪陵侮貧弱傷庶人之業七害者一曰無智畧權謀而重賞

尊爵之故强勇輕戰僥倖於外王者謹勿使爲將二
曰有名無實出入異言掩善揚惡進退爲巧王者謹
勿與謀三曰朴其身躬惡其衣服語無爲以求名言
無欲以求利此僞人也王者謹勿近四曰奇其冠帶
偉其衣服博聞辯詞虚論高議以爲容美窮居靜處
而誹時俗此姦人也王者謹勿寵五曰讒佞苟得以
求官爵果敢輕死以貪祿秩不圖大事貪利而動以
高談虚論說於人主王者謹勿使六曰爲雕文刻鏤

技巧華飾而傷農事王者必禁七曰僞方異技巫蠱左道不祥之言幻惑良民王者必止之故民不盡力非吾民也士不誠信非吾士也臣不忠諫非吾臣也吏不平潔愛人非吾吏也相不能富國强兵調和陰陽以安萬乘之主正君臣定名實明賞罰樂萬民非吾相也夫王者之道如龍首高居而遠望深視而審聽示其形隱其情若天之高不可極也若淵之深不可測也故可怒而不怒姦臣乃作可殺而不殺大賊

乃發兵勢不行敵國乃强文王曰善哉

孫履恒曰上賢六賊其一其二其三其六明爲國賊易辨也若夫抗志高節輕爵賤吏鮮不與鴻儀蘭蕙同類而共稱之而孰知其傷王威傷勞臣乃在此輩所云七害其二其三其四其六其七顯爲國害宜亟去也若夫强勇輕戰果敢輕死則使勇使貪猶有一得其可小用而不可大用者乎必盡力而後爲吾民必誠信而後爲吾士必忠諫而後

爲吾臣必平潔愛人而後爲吾吏必富國强兵調和陰陽正君臣定名實明賞罰安主樂民而後爲吾相偉哉他日興周治齊之氣象也王者之道如龍首以下八句真如奮飛九天下視八極人得而利見不得而窺測巍然煥然淵然默然弗可及已可怒不怒六語警發醉夢針灸痛切王者威靈如空中霹靂非必賊害盡怒且殺摘其尤殺無赦其結黨蔽賢左道惑民者乎

舉賢第十

文王問太公曰君務舉賢而不能獲其功世亂愈甚以至危亡者何也太公曰舉賢而不用是有舉賢之名而無用賢之實也文王曰其失安在太公曰其失在君好用世俗之所譽而不得其賢也文王曰何如太公曰君以世俗之所譽者爲賢以世俗之所毁者爲不肖則多黨者進少黨者退若是則羣邪比周而蔽賢忠臣死於無罪姦臣以虛譽取爵位是以世亂

愈甚則國不免於危亡文王曰舉賢奈何太公曰將相分職而各以官名舉人按名督實選才考能令實當其名名當其實則得舉賢之道也

孫履恒曰徇譽而舉賢不惟不得好賢之益反有好賢之害善乎太公之言曰以所譽者爲賢以所毀者爲不肖則多黨者進少黨者退羣邪比周世亂愈甚將相分職而各以官名舉人則文武百官各稱其職上賢所謂士必誠信臣必忠諫吏必平

潔愛人相必安主樂民而吾又以爲將必尊主威敵雖然名下豈盡虛士以名取士未必拔十得五豈不拔十得一顧用之如何耳夫大奸大詐足以傾世無非無刺足以合汚高舉濶步此之謂狂必信必果此之謂狷然又有高談雄辯如河漢而無極者非世所稱奇士乎不知此談士也有鑿金琢玉擁花月而爭華者非世所稱才士乎不知此文士也有陰謀深計對妻子而三緘者非世所稱深

人乎不知此謀士也有專長習業不通方而可効者非世所稱小人乎不知此技士也若夫經天緯地長駕遠馭樽俎折衝未試如木雞如匣劍如夜光之在老蚌如千里之伏鹽車彼不自譽辨人不得窺測此非文王咼載尚父千古一士未易得也是故聖明之世防奸邪如仇讐視鄉愿如奴僕狂取其當事不避狷取其臨事不苟談士可使應對賓客文士可使脩詞番訓謀士可使籌邊應敵技

士可使彙能集成斯不亦實當其名名當其實乎蓋善用之竹頭木屑粃糠糟粕具人官之能不善用之五石之瓠百圍之樗爲不材之物若謂聖賢無譽吾不信也

賞罰第十一

文王問太公曰賞所以存勸罰所以示懲吾欲賞一以勸百罰一以懲衆爲之奈何太公曰凡用賞者貴信用罰者貴必賞信罰必於耳目之所見聞則所不

見聞者莫不陰化矣夫誠暢於天地通於神明而況於人乎

孫履恒曰孔舉賢才不過舉所知而能使枉者直呂行賞罰不過行耳目之所見聞而所不見聞者化仁聖亦豈能徧觀遯覽哉不過見賢舉先賞罰信必心誠好之如美女名香心誠惡之如强丐奇臭風行雷厲停不須臾共工氏頭觸不周而天柱折地維缺商丘開僞信范氏而投危險入水火況

此機字當去木傍以礙下機字也

仁聖之暢天地通神明者乎易曰信及豚魚而同血氣抱心知之人可知也

兵道第十二

武王問太公曰兵道何如太公曰凡兵之道莫過於一一者能獨往獨來黃帝曰一者階於道機於神用之在於機顯之在於勢成之在於君故聖王號兵爲凶器不得已而用之今商王知存而不知亡知樂而不知殃夫存者非存在於慮亡樂者非樂在於慮殃今

王已慮其源曷憂其流乎武王曰兩軍相遇彼不可來此不可往各設固備未敢先發我欲襲之不得其利爲之柰何太公曰外亂而內整示饑而實飽內精而外鈍一合一離一聚一散陰其謀密其機高其壘伏其銳士寂若無聲敵不知我所備欲其西襲其東

武王曰敵知我情通我謀爲之柰何太公曰兵勝之術密察敵人之機而速乘其利復疾擊其不意

孫履恒曰問兵而曰兵道便有王者氣象其唯一

乎七書之言一者多矣武子曰我專爲一齊勇若一吳子曰以五萬之衆爲一死賊司馬曰凡勝三軍一人勝李靖曰用衆在乎心一心一在乎禁祥去疑尉繚曰專一則勝皆深於兵者而總不如太公言一之弘也一者誠也天地之不貳陰陽之不測故曰階於道幾於神此其發有機焉機得而一呈用此其藉有勢焉勢得而一斯顯此其柄在君焉君明而一有成三者合一猶必殺人以安人而

後不得已而用殺攻其國變其民而後不得已而用攻存不忘亡樂不忘殃慮至深遠受王昧此商之所以亡也武王審此周之所以興也慮其源者詢及於兵之道也至問兩軍相遇爲之柰何則所謂憂其源也欲敵先發則有整而示之亂飽而示之饑精而示之鈍合離無常以示不整聚散不定以示不固陰謀密機以圖其便高壘以佯爲不出伏銳以待其自來禁諠緝擾以像震恐虛閒使敵

吳兵攻東南亞夫使備西北蓋知此道也

不知所守不知所攻無所不疑無所不備欲其西襲其東所謂彎弓東指情實西射者也即敵有智將善揣得我之情實我有機而敵亦有機吾之勢利而敵之勢不利則察之審而乘之速復出其不意所謂途有所不由軍有所不擊城有所不攻地有所不爭君命有所不受迅雷不及掩耳脫兎寧遑拒足哉

武韜

發啟第十三

文王在酆召太公曰嗚呼商王虐極罪殺不辜公尚助予憂民如何太公曰王其修德以下賢惠民以觀天道天道無殃不可先倡人道無災不可先謀必見天殃又見人災乃可以謀必見其陽又見其陰乃知其心必見其外又見其內乃知其意必見其疏又見其親乃知其情行其道道可致也從其門門可入也

大智不智四句雖平重大利不利

立其禮禮可成也爭其强强可勝也全勝不鬬大兵無創與鬼神通微哉微哉與人同病相救同情相成同惡相助同好相趨故無甲兵而勝無衝機而攻無溝塹而守大智不智大謀不謀大勇不勇大利不利利天下者天下啓之害天下者天下閉之天下者非一人之天下乃天下之天下也取天下者若逐野獸而天下皆有分肉之心若同舟而濟濟則皆同其利敗則皆同其害然則皆有以啟之無有以閉之也無

取於民者取民者也無取民者民利之無取國者國利之無取天下者天下利之故道在不可見事在不可聞勝在不可知微哉微哉鷙鳥將擊卑飛斂翼猛獸將搏弭耳俯伏聖人將動必有愚色今彼有商衆口相惑紛紛渺渺好色無極此亡國之證也吾觀其野草菅勝穀吾觀其衆邪曲勝直吾觀其吏暴虐殘疾敗法亂刑上下不覺此亡國之時也大明發而萬物皆照大義發而萬物皆利大兵發而萬物皆服大

哉聖人之德獨聞獨見樂哉

孫履恒曰文王以虐無極殺不辜爲憂太公以攻其國憂其民爲樂恐非發問之意然取天下之道不出此賢之向慕在德故曰修德以下賢天之視聽在民故曰惠民以觀天道猶未可謀自我倡其天殃人災並見而後可乎當作何觀必見其陽又見其陰觀顯微也必見其外又見其內觀宮府也必見其疏又見其親觀黎民與諸父昆弟也既知

其心意情而吾反其政是謂行道何道不致而吾投其間是謂從門何門不入而吾降其體是謂立禮何禮不成而吾鋤其暴是謂爭强何强不勝既勝何用鬭不鬭何自創不亦與鬼神靈通而微之又微歟葢以衆違獨者世之所去以我同人者物之所歸故同病相救同情相成同惡相助而況同好者有不相趨故勝不必甲兵攻不必機衡守不必溝塹而同之妙可槩見矣所同何事不過以利

同人耳故大智不智芼乎其若愚也大謀不謀穆乎其若忘也大勇不勇退乎其若怯也大利不利沛乎其無不同也吾利天下天下還啟之吾害天下天下還閉之啟之也者導其來也閉之也者塞其路也如此施如此報若播種之必生若扣鐘之必響何也天下原非一人之天下乃天下之天下也取天下如逐獸衆思分肉又如同舟利害并受故知利天下者必衆啓之必不衆閉之也夫利天

下豈能以吾之有分之天下哉不過無取而已而隨在無取者隨在必利之以此觀天殃在彼者順在我矣以此觀人災在彼者應在我矣猶未可圖之彰明較著而運之玄默希夷道在不可見事在不可聞勝在不可知故再曰微哉微哉鷙鳥早飛正所以爲擊猛獸俯伏正所以爲搏而况聖人其將動也必有愚色其無智謀勇利之可見者正其大智大謀大勇大利之所出也而乘亡之證乘亡

之時豈非大明發而萬物皆照大義發而萬物皆利大兵發而萬物皆服衆人覩其枝葉强陽聖人察其本根剝落故曰獨聞獨見而憂於是可釋矣其樂也非利天下也而文仍以服事殷之心也故不若聞文師之稱名聞盈虛之稱大聞上賢之稱善聞文啓之恊于懷付之默然而已

文啓第十四

文王問太公曰聖人何守太公曰何憂何嗇萬物皆

適也

待何嗇何憂萬物皆適政之所施莫知其化時之所在莫知其移聖人守此而萬物化何窮之有終而復始優而游之展轉求之求而得之不可不藏旣以藏之不可不行旣以行之勿復明之夫天地不自明故能長生聖人不自明故能名彰（當作彰名）古之聖人聚人而爲家聚家而爲國聚國而爲天下分封賢人以爲萬國命之曰大紀陳其政教順其民俗羣曲化直變於形容萬國不通各樂其所人愛其上命之曰大定嗚呼

聖人務靜之賢人務正之愚人不能正故與人爭上勞則刑煩刑煩則民憂民憂則流亡上下不安其生累世不休命之曰大失天下之人如流水障之則止啓之則行靜之則清嗚呼神哉聖人見其始則知其終文王曰靜之柰何太公曰天有常形民有常生與天下共其生而天下靜矣太上因之其次化之夫民化而從政是以天無爲而成事民無與而自富此聖人之德也文王曰公言乃協予懷夙夜念之不忘以

用爲常
孫履恒曰聖人何守只守一箇無爲何憂何嗇者聖人無其心但付天下以利而天下皆得所矣何嗇何憂者聖人無所利但與天下相忘而天下皆相親矣夫豈無正人之政而上如雨施下如品物莫知其所以化政不過隨時而在而上如執轡下如轉轂莫知其所以移蓋守之以不守而無窮無極終而復始優游而不遽展轉而求得旣得玄珠

抱之隱微所謂藏也寶藏既固放之六合所謂行也推行雖遠仍是闇然所謂勿明也夫覆載之功大矣天地未嘗自明故常覆常載聖人之功大矣亦未嘗自明故名垂天壤其積小成大散大爲小則聚父子兄弟以爲家聚井里連鄉邑都以爲國聚公侯伯子男以爲天下猶以一耳一目不足治而以萬耳萬目爲吾治故封建賢人以爲萬國一合一分命之曰大紀通一身於天下而不使天下

通其皆欲陳其法以政人陳其道以教人舉直臣以化羣枉番衣裳以變形容不通萬方之貨畜樂毛土之宜人生親愛之心命之曰大定紀則不亂定則不擾不亂靜也不擾亦靜也嗚呼非聖人而能若是乎而賢則務正之愚人則與之爭而已爭之惟其嗇也嗇則與民爭利嗇則不能與賢人分治羣曲爲政人競逐末不安其所不親其上而刑從是而煩民從是而憂民憂則流下流上愁累世

不休失莫大焉不觀流水乎障之則止啟之則行靜之則清天下之人如之其機神矣惟聖人觀始知終故能立紀成定刑措不用萬物皆靜而究所以靜唯一不嗇與天下共其生而已矣太上因之其次化之因之也者民無事而我無爲也化之也者民有事而不得不爲也夫民化而從政則雖有爲還於無爲矣皆聖人也天道也務靜之實事也其郎文王所以治岐乎故不覺其恊于懷而夙夜

念之純純常常終而復始也

文伐第十五

文王問太公曰文伐之法奈何太公曰凡文伐有十二節一曰因其所喜以順其志彼將生驕必有好事苟能因之必能去之二曰親其所愛以分其威一人兩心其中必衰廷無忠臣社稷必危三曰陰賂左右得情甚深身內情外國將生害四曰輔其淫樂以廣其志厚賂珠玉娛以美人卑辭委聽順命而合彼將

嚴敬也敬其忠臣而薄其賂又稽留其使而勿聽其事則彼將疑忠臣之我愛而亟以不忠者代之矣因其置代遺以誠事而親信之則其君將與不忠者復合故曰苟能嚴之國乃可謀

不爭奸節乃定五曰嚴其忠臣而薄其賂稽留其使勿聽其事亟爲置代遺以誠事親而信之其君將復合之苟能嚴之國乃可謀六曰取其內間其外才臣外相敵國內侵國鮮不亡七曰欲錮其心必厚賂之收其左右忠愛陰示以利令之輕業而蓄積空虛八曰賂以重寶因與之謀謀而利之利之必信是謂重親重親之積必爲我用有國而外其地必敗九曰尊之以名無難其身示以大勢從之必信致其大尊先

爲之榮微餙聖人國乃大偷十曰下之必信以得其情承意應事如與同生既以得之乃微收之時及將至若天喪之十一曰塞之以道人臣無不重貴與富惡危與咎陰示大尊而微輸重寶收其豪傑內積甚厚而外爲之陰納智士使圖其計納勇士使高其氣富貴甚足而常有繁滋徒黨已具是謂塞之有國而塞安能有國十二曰養其亂臣以迷之進美女淫聲以惑之遺良犬馬以勞之時與大勢以誘之上察而

輿天下圖之十二節備乃成武事所謂上察天下察地徵已見乃伐之

孫履恒曰文伐一篇情甚叵測語多重復不可令文王聞亦恐非太公筆也王者心事如青天白日交鄰有道應敵有權何用陰謀如此陰謀必用於仇讎必發於不得已其范蠡之所以謀吳乎今四海一統陰施陽設鬼矢神弓固不足道卽以當時論將先王衆建諸侯于世道以戈矛陷人心於險

阻乎且三曰陰賂左右矣四曰厚賂珠玉矣六曰收其內矣七曰欲錮其心必厚賂之矣八曰賂以重寶矣十一曰微輸重寶收其豪傑矣既曰娛以美人復曰進美人以惑之將必使土壤化爲黃金白鏹山川盡産和玉夜光子女僉是毛嬙西施而後可存而勿泥取節焉可也

順啓第十六

文王問太公曰何如而可以爲天下太公曰大蓋天

下然後能容天下信蓋天下然後能約天下仁蓋天下然後能懷天下恩蓋天下然後能保天下權蓋天下然後能不失天下事而不疑則天運不能移時變不能遷此六者備然後可以爲天下政故利天下者天下啓之害天下者天下閉之生天下者天下德之殺天下者天下賊之徹天下者天下通之窮天下者天下仇之安天下者天下恃之危天下者天下災之天下者非一人之天下惟有道者處之

孫履恒曰天於億兆人中獨畀人主以崇高富厚豈有私哉必其道德雄畧超絶一世矩之所在天下取正焉故能利天下生天下徹天下安天下天下亦如是報之不然者閉賊仇災捷於影響故有道之主百世常處

三疑第十七

武王問太公曰予欲立功有三疑恐力不能攻强離親散衆爲之奈何太公曰因之慎謀用財夫攻强必

養之使强益之使張太强必折太張必缺攻强以强離親以親散衆以衆凡謀之道周密爲寶設之以事玩之以利爭心必起欲離其親因其所愛與其寵人與之所欲示之所利因以疏之無使得志彼貪利甚喜遺疑乃止凡攻之道必先塞其明而後攻其强毁其大除民之害淫之以色啗之以利養之以味娱之以樂既離其親必使遠民勿使知謀扶而納之莫覺其意然後可成惠施於民必無愛財民如牛馬數餧

食之從而愛之心以啓智智以啓財財以啓衆衆以啓賢賢之有啓以王天下

孫臏恒曰離親散衆强不攻而自破矣三疑只是二疑何謂因之養之使强益之使張是也慎謀者

凡謀之道欲周欲密設之以事如武子所謂爲誑事於外玩之以利爭心必起如應侯使唐雎散金而天下之士大鬬謀先離親莫親於所愛與寵人欲離之則吾親之吾親之使彼疏之予之以利遺

之以疑吾謀之行彼謀之止也謀巳定而用攻不遽攻也必先塞其明淫之以色以濁其神啗之以利以昏其智養之以味以慾其慾娛之以樂以亂其聰衆好紛紜可使違民不知不覺彼併之納我謀之成也欲散其衆必惠其民饑饉流賑有憂無嗇以智生財以財致衆以衆招賢至於賢之有啓通君心之明開天地之利暢歸往之勢而王可知

鬼谷子商隱武經七書卷之八

衮谷子商隲武經七書卷之九

吳湖孫履和仲父著

龍韜

王翼第十八

武王問太公曰王者帥師必有股肱羽翼以成威神爲之奈何太公曰凡舉兵師以將爲命命在通達不守一術因能授職各取所長隨時變化以爲紀綱故將有股肱羽翼七十二人以應天道備數如法審知

命理殊能異技萬事畢矣武王曰請問其目太公曰腹心一人主贊謀應卒揆天消變總攬群謀保全民命謀士五人主圖安危慮未萌論行能明賞罰受官位决嫌疑定可否天文三人主司星曆候風氣推時日考符驗較（避諱）災異知天心去就之機地利三人主軍行止形勢利害消息遠近險易水涸山阻不失地利兵法九人主講論異同行事成敗簡練兵器刺舉非法通糧四人主度飲食備蓄積通糧道致五穀令三

軍不困乏奮威四人主擇才力論兵革風馳電掣不知所由伏旗鼓三人主伏旗鼓明耳目詭符印謬號令闇忽往來出入如神股肱四人主任重持難脩溝塹治壁壘以備守禦通才二人主拾遺補過應對賓客議論談語消患解結權士三人主行奇譎設殊異非人所識行無窮之變耳目七人主往來聽言視變覽四方之事軍中之情爪牙五人主揚威武激勵三軍使冒難犯銳無所疑慮羽翼四人主揚名譽震遠

方動四境以弱敵心游士八人主伺姦候變開闔人情觀敵之意以爲間諜術士二人主爲譎詐依托鬼神以惑衆心方士三人主百藥以治金瘡以痊萬病法算二人主會計三軍營壘糧食財用出入

孫履恒曰王者之用圻父有將有吏股肱羽翼一十八等七十二人此所謂圻父也天地生才何嘗不足國家張官何嘗不備惟長短方圓大小曲直不適於用故雖有才若無才有官若無官而師中之

才猶恐益國處其常師當其變假如腹心而為手足天文而察地理股肱而當羽翼如瞽者觀乎青黃聾者辨乎絲肉而孰知瞽之可以審音聾之可以鑑色不觀顛隱于齊肩高于頂之支離疏乎挫鍼治繲音蟹足以餬口鼓筴播精足以食十人而況無天刑之人故騂騮騄駬騁千里之途而不可與貍鼬試釜竈之間黃鵠白鶴颺九霄之上而不能與燕雀爭堂廡之下青萍吳鈎擊石不缺刺石不挫

而不堪與管橐决目出睞尺有所短寸有所長人固有能有不能也善乎吳子之教戰曰短者持矛戟長者持弓矢强者持旌旗勇者持金鼓弱者給厮役智者爲謀主深得王翼不言之旨矣然則無爲知賢才之處乎以上置吏不若使將自擇吏使將自擇吏不若使人自願所宜吏非盡使將自擇使吏自便也上置者什七將擇者什三將擇者又什七吏願者什三行師之際决無敢辭險就夷辭

貧居富者若辭險就夷辭貧居富則有軍法在

論將第十九

武王問太公曰論將之道奈何太公曰將有五材十過武王曰敢問其目太公曰所謂五材者勇智仁信忠也勇則不可犯智則不可亂仁則愛人信則不欺忠則無二心所謂十過者有勇而輕死者有急而心速者有貪而好利者有仁而不忍人者有智而心怯者有信而喜信人者有廉潔而不愛人者有智而心

緩者有剛毅而自用者有懦而喜任人者勇而輕死
者可暴也急而心速者可久也貪而好利者可賂也
仁而不忍人者可勞也智而心怯者可窘也信而喜
信人者可誑也廉潔而不愛人者可侮也智而心緩
者可襲也剛毅而自用者可事也懦而喜任人者可
欺也故兵者國之大事存亡之道命在於將將者國
之輔先王之所重也故置將不可不察也故曰兵不
兩勝亦不兩敗兵出踰境期不十日不有亡國必有

破軍殺將武王曰善哉

孫履恒曰武子論將曰智仁信勇嚴太公論將材曰勇智仁信忠材者將之韜畧故不曰嚴然既信矣未有不忠者如將報君曰臣既受命專斧鉞之威不敢生還卒如其言非信耶尚有不盡之心否也所謂十過奚若有勇而輕死者直前不顧設伏成擒故曰可暴有急而心速者銳氣易衰堅壁則挫故曰可久有貪而好利者惟賄是求欲取姑與

故曰可賂有仁而不忍人者棄取不明攻之必應
故曰可勞有智而心怯者多謀寡斷紛擾易迫故
曰可窘有信而喜信人者誠心御物詭譎不虞故
曰可誑有廉潔而不愛人者以清律貪貪者共嫉
故曰可侮有智而心緩者三思未定單刀直入故
曰可襲有剛毅而自用者强陽無輔柔弱必親故
曰可事有懦而喜任人者左右爲政亓虎易行故
曰可欺將兼五材是謂輔周有勝無敗苟有一過

是謂輔隙。有敗無勝。國之存亡係于一將。可不察哉。

選將第二十

武王問太公曰。王者舉兵簡練英雄。知士之高下。爲之奈何。太公曰。夫士外貌不與衆（作中）情相應者十五。有賢而不肖者。有温良而爲盜者。有貌恭敬而心慢者。有外廉謹而內無恭敬者。有精精而無情者。有湛湛而無誠者。有好謀而無決者。有如果敢而不能者。有悾悾而不信者有恍恍忽忽而反忠實者有詭謫而有功効者有外勇而内怯者有肅肅而反易人者有嗃嗃而反靜慤者有勢虛形劣而出外無所不至無使不遂者天下所賤聖人所貴凡人不知非有大明不能見其際此士之外貌不與中情相應者也武王曰何以知之太公曰知之有八證一曰問之以言以觀其詳二曰窮之以辭以觀其變三曰與之間諜以觀其誠四曰明白顯問以觀其德五曰使之以財以

觀其廉六曰試之以色以觀其貞七曰告之以難以
觀其勇八曰醉之以酒以觀其態八證皆備則賢不
肖別矣

孫履恒曰士之外貌不與中情相應者固多此十
五段覺有重復不倫如貌恭敬而心慢者外廉謹
而內無恭敬者肅肅而反易人者不可鎔三爲一
乎精精而無情湛湛而無誠可一也果敢而不能
外勇而內怯可一也如悾悾而不信外貌亦無足

觀可去也知之八證審矣然與之間諜以觀其誠詭譎太甚恐非王者所以待臣子以之受降可也只用七證賢不肖如神姦之在九鼎有八證以選將又有六守以十相此視以觀由察安之節目人主默存而熟察之百不失一矣

立將第二十一

武王問太公曰立將之道奈何太公曰凡國有難君避正殿召將而詔之曰社稷安危在一將軍今某國

不臣願將軍帥師應之將既受命乃命太史卜齋三日之太廟鑽靈龜卜吉日以受斧鉞君入廟門西面而立將入廟門北面而立君親操斧持首授將其柄曰從此上至天者將軍制之復操鉞持柄授將其刃曰從此下至淵者將軍制之見其虛則進見其實則止勿以三軍爲衆而輕敵勿以受命爲重而必死勿以身貴而賤人勿以獨見而違衆勿以辯說而必然士未坐而勿坐士未食而勿食寒暑必同如此士衆

必盡死力將巳受命拜而報君曰臣聞國不可從外治軍不可從中御二心不可以事君疑志不可以應敵臣既受命專斧鉞之威臣不敢生還願君亦垂一言之命於臣君不許臣臣不敢將君許之乃辭而行軍中之事不聞君命皆由將出臨敵決戰無有二心若此則無天於上無地於下無敵於前無君於後是故智者爲之謀勇者爲之鬬氣厲青雲疾若馳騖兵不接刄而敵降服戰勝於外功立於內吏遷上賞百

姓歡悅將無咎殃是故風雨時節五穀豐登社稷安寧武王曰善哉

孫履恒曰立將一篇非太公不能爲此言從此上至天下至淵將軍制之非特制三軍制勍敵上天下地鬼神逃避也見其虛則進十語一部武經幷包在此將能奉之丈人長子至勿以君命爲重而必死皇天后土實聞君言寧不感恩流涕此將所以報命曰臣不敢生還大君有心亦不覺涕淚之

潛潛下也恐中制乎歸而飲至不死亦傷不傷天幸保全功臣當如何者中畧不可不深曉

將威第二十二

武王問太公曰將何以爲威何以爲明何以爲禁止而令行太公曰將以誅大爲威以賞小爲明以罰審爲禁止而令行故殺一人而三軍震者殺之賞一人而萬民悅者賞之殺貴大賞貴小殺及貴重之人是刑上極也賞及牛竪馬洗廐養之徒是賞下通也刑

上極賞下通是將威之所以行也

孫履恒曰尉繚武議第三條何其合符之甚歟孰前孰後誰作誰述吾知之矣陸贄有言行罰先貴近而後卑遠則令不犯行賞先卑遠而後貴近則功不遺然則誅大賞小而禁止令行在中矣昔晉文田於圃陸期以日中公有所愛顛頡後期文公隕涕而斬之百姓懼曰貴重如彼甚也而君行法吾儕何有遂大敗荊人於城濮是誅一人而禁止

令行也趙襄子出圍賞有功者高赦爲首張孟談曰晉陽之中赦無大功賞而爲首何也襄子曰寡人之國危社稷殆在憂約之中與寡人交而不失君臣之禮者惟赦是以先之而羣臣莫敢失禮遂北伐代而東迫齊是賞一人亦令行禁止也況加以罰審乎誅爲罰極罰有大小故洪範有六罰吕刑有五罰諸葛有二十罰罰太重則人懈太輕則人玩審之者如其罪之分數而已

勵軍第二十三

武王問太公曰吾欲三軍之衆攻城爭先登野戰爭先赴聞金聲而怒聞鼓聲而喜爲之柰何太公曰將有三勝武王曰敢問其目太公曰將冬不服裘夏不操扇雨不張蓋名曰禮將將不身服禮無以知士卒之寒暑出隘塞犯泥途將必先下步名曰力將將不身服力無以知士卒之勞苦軍皆定次將乃就舍炊者皆熟將方就食軍不舉火將亦不舉名曰止欲將

將不身服止欲無以知士卒之饑飽將與士卒共寒暑勞苦饑飽故三軍之衆聞鼓聲則喜聞金聲則怒高城深池矢石繁下士爭先登白刃始合士爭先赴士非好死而樂傷也爲其將知寒暑饑飽之審而見寒暑（當作勞苦）之明也

孫履恒曰此段亦與尉繚戰威卒章畧同但多將不身服禮無以知士卒之寒暑將不身服力無以知士卒之勞苦將不身服止欲無以知士卒之饑

飽六句覺有喚醒世將意故三軍之士以下八句
此勵軍之效加以吳子勵士而全勝在我矣

陰符第二十四

武王問太公曰引兵深入諸侯之地三軍卒有緩急
或利或害吾將以近通遠從中應外以給三軍之用
爲之奈何太公曰主與將有陰符凡八等有大勝克
敵之符長一尺破軍擒將之符長九寸降城得邑之
符長八寸却敵報遠之符長七寸警衆堅守之符長

六寸請糧益兵之符長五寸敗軍亡將之符長四寸失利亡士之符長三寸諸奉使行符稽留者若符事泄告者聞者皆誅之八符者主將秘聞所以陰通言語不泄中外相知之術敵雖聖智莫之能識武王曰善哉

孫履恒曰陰符長短此君遣將時密授往來通知之冥號軍情緊急不必具疏符到而已知其槩所謂天知地知君知將知而已可以無泄而又設稽

留告聞之誅必無泄矣微哉微哉神乎神乎雖有
聖智烏能測識然一陳不堪再設學者師其意焉
可也曰大將遍知偏將騎將步將亦用此符否曰
師其意便有無窮變通何用拘拘

陰書第二十五

武王問太公曰引兵深入諸侯之地主將欲合兵行
無窮之變圖不測之利其事煩多符不能明相去遼
遠言語不通為之奈何太公曰諸有陰事大慮當用

書不用符主以書遺將將以書問主書皆一合而再離三發而一知再離者分書爲三部三發而一知者言三人操一分相参而不使知情也此謂陰書敵雖聖智莫之能識武王曰善哉

孫履恒曰陰書所以濟陰符之所不及分書爲三者如引兵深入諸侯之地前發引字入字之字再發兵字諸字地字三發深字侯字三發既到次第合一則知爲深入諸侯之地矣然當時諸侯千國

假道遠征多背城邑謹防漏泄不得不爾今東南一尉西北一候道路無虞急則用旗用符緩則用報用疏不必陰書也

軍勢第二十六

武王問太公曰攻伐之道奈何太公曰勢因於敵家之動變生於兩陣之間奇正發於無窮之源故至事不語用兵不言且事之至者其言不足聽也兵之用者其狀不定見也倏而往倏而來能獨專而不制者

諄諄切切教人不言

兵也聞則議見則圖知則因辯則危故善戰者不待張軍善除患者理於未生勝敵者勝於無形上戰無與戰故爭勝於白刃之前者非良將也設備於已失之後者非上聖也智與衆同非國師也技與衆同非國工也事莫大於必克用莫大於玄默動莫大於不意謀莫大於不識夫先勝者先見弱於敵而後戰者也故士半而功倍焉聖人徵於天地之動孰知其紀循陰陽之道而從其候當天地盈縮因以爲常物有

反反覆覆只要趨時

死生因天地之形故曰未見形而戰雖衆必敗善戰者居之不撓見勝則起不勝則止故曰無恐懼無猶豫用兵之害猶豫最大三軍之災莫過狐疑善戰者見利不失遇時不疑失利後時反受其殃故智者從之而不失巧者一决而不猶豫是以疾雷不及掩耳迅電不及瞑目赴之若驚用之若狂當之者破近之者亡孰能禦之夫將有所不言而守者神也有所不見而視者明也故知神明之道者野無橫敵對無立

闔武王曰善哉

孫履恒曰用兵之妙全在不言非不言也默觀成敗之勢審占彼已之時靜也所以待敵之動也不觀庖丁乎每至族見其難爲怵然爲戒視爲止行爲遲投刀甚微謋然已解技經肯綮之未嘗而況大軱乎善戰者何以異此故曰至事不語用兵不言又曰事之至者其言不足聽也兵之用者其狀不定見也不足聽者終日言而未嘗言也不定見

者終日見而未嘗見也蓋言泄而聞於外則敵將議我矣狀定而見於外則敵將圖我矣聞且見而知而辯則敵將困我危我矣故曰事莫大於必克語非勝不舉也用莫大於玄默動莫大於不意謀莫大於不識語不言不定也而動莫大於不意與勢因乎敵家之動相應蓋吾之勢因敵之動而吾之動不使敵知我意我示敵以弱敵不知我之強此善戰者之理於未生士半而功倍用此道也吾

所謂善戰者非戰必勝攻必取之將而徵天地循陰陽之聖也有盈有縮者時之常也有死有生者物之形也盈而復縮縮而復盈生而復死死而復生奇正發乎無窮之源此之謂也敵知我形則敗不知敵形亦敗善戰者見勝形則起見敗形則止既見勝矣又何恐懼何猶豫誠熟察乎猶豫狐疑之取敗而失利後時之招殃也惟從而不失決而不疑倏忽往來疾雷迅電驚起狂馳所當者破所

近者亡皆不言不定不意不識玄玄默默中所揮斥總之爭在未戰備在不失事在必克智巧之師神明之道故曰聖人

奇兵第二十七

武王問太公曰凡用兵之法大要何如太公曰古之善戰者非能戰於天上非能戰於地下其成與敗皆由神勢得之者昌失之者亡夫兩陣之間出甲陳兵縱卒亂行者所以爲變也深草蓊蘙者所以遁逃也

深谷險阻者所以止車禦騎也隘阻山林者所以少擊衆也拗澤窈冥者所以匿其形也清明無隱者所以戰勇力也疾如流矢擊如發機者所以破精微也詭伏設奇遠張誑誘者所以破軍擒將也四分五裂者所以擊圓破方也因其驚駭者所以一擊十也因其勞倦暮舍者所以十擊百也奇技者所以越深水渡江河也强弩長兵者所以踰水戰也長關遠候暴疾謬遁者所以降城服邑也鼓行讙囂者所以行奇

謀也大風甚雨者所以搏前擒後也僞稱敵使者所以絶糧道也謬號令與敵同服者所以備走北也戰必以義者所以勵衆勝敵也尊爵重賞者所以勸用命也嚴刑重罰者所以進罷怠也一喜一怒一予一奪一文一武一徐一疾者所以調和三軍制一臣下也處高敞者所以警守也保險阻者所以爲固也山林茂穢者所以默往來也深溝高壘積糧多者所以持久也故曰不知戰攻之策不可以語敵不能分移

不可以語奇不知治亂不可以語變故曰將不仁則三軍不親將不勇則三軍不銳將不智則三軍大疑將不明則三軍大傾將不精微則三軍失其機將不常戒則三軍失其備將不彊立則三軍失其職故將者人之司命三軍與之俱治與之俱亂得賢將者兵強國昌不得賢將者兵弱國亡武王曰善哉

孫履恒曰用兵貴用勢上章已言之矣此曰神勢者隨地用勢在我神明妙運一連二十六則論勢

論神皆奇兵也善讀龍韜者當合武子地形九地流覽參酌兩陣之間出甲陳兵縱卒亂行所以爲變者首提神字爲綱領也深草蓊翳至淸明無隱五段因勢利導之也疾如流水至一喜一怒一十六段皆我神明布濩之勢處高敞者至深溝高壘四段以守爲戰亦將用奇非徒守而已不知戰攻之策不可以語敵不知分移不可以語奇包上三十六則不知治亂不可以語變應縱卒亂行能治

而後能爲亂能亂而後能爲變治亂之際神矣哉非仁勇智明精微常戒强力之將不能與此與之俱治與之俱亂所謂民與上同意也或曰强與勇有辨乎曰勇在臨敵强在執事

五音第二十八

武王問太公曰律音之聲可以知三軍之消息勝負之決乎太公曰深哉王之問也夫律管十二其要有五音宮商角徵羽此眞正聲也萬代不易五行之神

道之常也金木水火土各以其勝攻也古者三皇之世虛無之情以制剛强無有文字皆由五行五行之道天地自然六甲之分微妙之用其法以天清淨無陰雲風雨夜半遣輕騎往至敵人之壘去九百步外徧持律管當耳大呼驚之有聲應管其來甚微角聲應管當以白虎徵聲應管當以玄武商聲應管當以朱雀羽聲應管當以勾陳五管聲盡不應者宫也當以靑龍此五行之符佐勝之徵成敗之機武王曰善

自一黍之廣積而爲分寸一黍之多積而爲龠合一黍之重積而爲銖兩此造律之本也童而習之恐習矣而不察故入之

哉太公曰微妙之音皆在外候武王曰何以知之太公曰敵人驚動則聽之聞枹鼓之音者角也見火光者徵也聞金鐵矛戟之音者商也聞人嘯呼之音者羽也寂寞無聲者宮也此五音者聲色之符也

孫履恒曰求聲者以律而造律者以黍黍聲成文謂之音律音之道本乎陰陽屬於五行分於四時而發於五政何言乎陰陽也黄鍾太簇姑洗蕤賓夷則無射爲陽大呂夾鍾仲呂林鍾南呂應鍾爲陰

合而爲六分而爲十二所以均布節氣何言乎五行也宫屬中央之土商屬西方之金角屬東方之木徵屬南方之火羽屬北方之水何言乎四時也宫流轉於春夏秋冬而角音屬木盛德在春徵音屬火盛德在夏商音屬金盛德在秋羽音屬水盛德在冬何言乎五政也宫爲君商爲臣角爲民徵爲事羽爲物故王者制事立法物度軌則一本於六律六律爲萬事根本記不云乎治世之音安以

樂其政和亂世之音怨以怒其政乖亡國之音哀以思其民困聲音之道與政通矣宮亂則荒其君驕商亂則陂其臣壞角亂則憂其民怨徵亂則哀其事勤羽亂則危其財匱五者皆亂迭相陵謂之慢如此則國之滅亡無日矣故曰聞其樂而知其德吾之律音主與主存敵之律音主滅主亡則勝敗固在未戰之先矣故望敵知吉凶聞聲效勝負出軍之日太師吹律合聲商則戰勝軍士強角則

軍擾多變失士心宮則軍和士卒同心徵則將急
士怒軍士勞羽則兵弱少威明此天地自然之道
也六甲之分者甲子甲寅甲辰甲午甲申甲戌此
干支之領也微妙之神者木曰青龍火曰朱雀土
曰勾陳金曰白虎水曰玄武是也此五行之神也
五行有生有尅善用兵者法其相尅以制剛強乘
風清雲淨夾子之間遣輕騎大呼驚敵之衆相去
九百步外徧持律管當耳有聲應管其來甚微角

聲應管木神用事當以白虎以金剋木也徵聲應管火神用事當以玄武以水剋火也商聲應管金神用事當以朱雀以火剋金也羽聲應管水神用事當以勾陳以土剋水也五管聲盡不應土神用事當以青龍以木剋土也此五行之符勝不必在此而可以佐勝成敗之機微妙之用不可忽也又有不從管得而從外候者敵人驚動囂聲可聽枹鼓屬木火光屬火金鐵弓戟屬金嘯呼屬口戶屬

水寂寞無聲屬土聞聲見色當亦可得然此其淺淺者焉有敵人驚動而枹鼓金鐵矛戟嘯呼不幷發者乎而又誰能聽之疑是續貂非太公語惟合之律音乃爲微妙師曠所以聞南風多死聲而知楚必無功聞烏鳥之聲樂而知齊師宵遁而三軍之消息勝負斷可識矣然五行以宮爲君而五管聲盡不應是所謂王有道而廟算勝者也其兵不可犯矣昔武王伐紂吹律聽聲推孟春以至于季

冬殺氣相并而音爲宫同聲相從是其驗也雖然
微妙之神有無之間古之善用兵者天官時日猶
將置之而况律音或曰大將制十萬之師極奇正
之致精神亦不及此曰不然此陰陽伎巧之一股
肱羽翼七十二人中考符驗較避諱災異知天心去就
之機者非其疇歟何待將曰然則當之奈何曰有
五方之陣有五方之旗有五方之神令軍中祝鮀
祀之遣當方將吏前後陵之左右具之然杯水不

可以救燎原斧斤不可以刪鄧林多寡之數强弱之勢宜料也曰北燕有谷地美而寒不生五穀鄒衍吹律和氣至谷乃生禾黍不更微玅歟曰太公知敵不過一時鄒衍乃能回燕谷之寒而賜之春歟雖致中和之聖人將北面而事之傳記之誣多如此

兵徵第二十九

武王問太公曰吾欲未戰先知敵人之强弱豫見勝

負之徵爲之奈何太公曰勝負之徵精神先見明將察之其效在人謹候敵人出入進退察其動靜言語妖祥士卒所告凡三軍悅懌士卒畏法敬其將命相喜以破敵相陳以勇猛相賢以威武此強徵也三軍數驚士卒不齊相恐以強敵相語以不利耳目相屬妖言不止衆口相惑不畏法令不重其將此弱徵也三軍整齊陳勢以固深溝高壘又有大風甚雨之利三軍無故旌旗前指金鐸之聲揚以清鼙鼓之聲宛

以鳴此得神明之助大勝之徵也行陣不固旌旗亂而相遶逆大風甚雨之利士卒恐懼氣絕而不屬戎馬驚奔兵車折軸金鐸之聲下以濁鼙鼓之聲濕以沐此大敗之徵也凡攻城圍邑城之氣色如死灰城可屠城之氣出而北城可克城之氣出而西城可降城之氣出而南城不可拔城之氣出而東城不可攻城之氣出而復入城主逃北城之氣出而覆我軍之上軍必病城之氣出高而無所止用兵常久凡攻城

圍邑過旬不雷不雨必亟去之城必有大輔此所以知可攻而攻不可攻而止武王曰善哉

孫履恒曰勝負之徵精神先見語極精微此一篇綱領敵人出入進退動靜言語皆將之精神動盪若夫妖祥則精神之感乎陰陽者也蓋匹夫之微上關天載矧一國之存亡三軍之死生豈不動人事徵鬼神下所謂強徵弱徵大勝之徵大敗之徵是也強弱之徵在居國之日勝敗之徵在出軍之

時敎處强勝寧下寧守敎處弱敗可戰可攻望氣入則及不雷不雨專論攻圍如炊灰出而北出而西出而復入皆彼衰氣出而南出而東出而覆我軍之上出而高無所止皆彼旺氣未易攻也雷雨不便於屯不雷不雨便於攻而曰必亟去之慮不能無犒也即東西南北亦不可執假如我軍在北在西彼之氣出而北出而西則覆我軍之上矣未爲可克可降必當辨其氣色如爲黃氣紫氣皆祥

氣也如爲黑氣白氣皆不祥之氣也可攻不可攻視此而已如有異氣辨之不真則占之總之攻城之法爲不得已必我先有間諜在彼貿易知其器械倉廩之數爲其管鑰左右之人或誑惑阻喪其軍民或舉火燒焚其積聚或陰告城隅之虛實可以大風甚雨襲其不虞可以霧朝昏夜出其不意此所謂拔人之城而非攻善之善者也或曰城之氣出而覆我軍之上軍必病不言我病彼病而子

槩曰皆彼旺氣何也曰馬有敵氣籠蓋我上而爲
彼病非我病乎

農器第三十

武王問太公曰天下安定國家無爭戰攻之具可無脩乎守禦之備可無設乎太公曰戰攻守禦之具盡在於人事耒耜者其行馬蒺藜也馬牛車輿者其營壘蔽櫓也鋤耰之具其矛戟也簑笠簦笠者其甲胄干櫓也钁鍤斧鋸杵臼其攻城器也牛馬所以轉輸

糧也雞犬其伺候也婦人織紝其旌旗也丈夫平壤其攻城也春鏺草棘其戰車騎也夏耨田疇其戰步兵也秋刈禾薪其糧食儲備也冬實倉廩其堅守也田里相伍其約束符信也里有吏官有長其將帥也里有周垣不得相過其隊分也輸粟取芻其廩庫也春秋治城郭修溝渠其塹壘也故用兵之具盡於人事也善爲國者取於人事故必使遂其六畜闢其田野究其處所丈夫治田有畝數婦人織紝有尺度是

富國强兵之道也武王曰善哉

孫履恒曰太公繕黃帝丘井之法以興周農器一篇卽寓兵於農之意一十八段總言農器卽是兵器夫兵農固合而器械自分何以言戰攻守禦之具盡在人事蓋人之精神操練則農亦强兵亦强縱弛則農亦弱兵亦弱故善治者無不耕之農善戰者無不鬬之兵況男婦力作則農有餘粟女有餘布庖廐孳生則任重致遠力倍神王公私不詘

軍國常克用兵之要實盡於人事雖然天下雖安忘戰必危蒐苗獮狩豈非公與姬公所定耶戰攻守禦之具不可忽也

虎韜

軍用第三十一

武王問太公曰王者舉兵三軍器用攻守之具科品衆寡豈有法乎太公曰大哉王之問也夫攻守之具各有科品此兵之大威也武王曰願聞之太公曰凡用兵之大數將甲士萬人法用武衛大扶胥三十六乘材士强弩矛戟爲翼一車二十四人推之以八尺車輪車上立旗鼓兵法謂之震駭陷堅陣敗强敵武

翼大櫓矛戟扶胥七十二具材士强弩矛戟爲翼以五尺車輪絞車連弩自副陷堅陣敗强敵提翼小櫓扶胥一百四十六具絞車連弩自副以鹿車輪陷堅陣敗强敵大黄參連弩大扶胥三十六乘材士强弩矛戟爲翼飛鳬電影自副飛鳬赤莖白羽以銅爲首電影青莖赤羽以鐵爲首晝則以絳縞長六尺廣六寸爲光耀夜則以白縞長六尺廣六寸爲流星陷堅陳敗步騎大扶胥衝車三十六乘螳蜋武士共載可

以擊縱橫可以敗强敵輜車騎寇一名電車兵法謂之電擊陷堅陣敗步騎寇夜來前矛戟扶胥輕車一百六十乘螳螂武士三人共載兵法謂之電擊陷堅陣敗步騎方首鐵棓維朌重十二斤柄長五尺以上千二百枚一名天棓大柯斧刃長八寸重八斤柄長五尺以上千二百枚一名天鉞方首鐵鎚重八斤柄長五尺以上千二百枚一名天槌敗步騎羣寇飛鈎長八寸鈎芒長四寸柄長六尺以上千二百枚以投

其衆三軍拒守木螳螂劒刄扶胥廣二丈一百二十具一名行馬平易地以步兵敗車騎木蒺藜去地二尺五寸百二十具敗步騎要窮寇遮走北軸旋短衝矛戟扶胥百二十具黄帝所以敗蚩尤氏敗步騎要窮寇遮走北狹路微徑張鐵蒺藜芒高四寸廣八尺長六尺以上千二百具敗走騎冥突來前促戰白刄接張地羅鋪兩鏃蒺藜參連織女芒間相去二尺萬二千具曠野草中方胸鋌矛千二百具張鋌矛法高

一尺五寸敗步騎要窮寇遮走北狹路微徑地陷鐵
械鎖參連百二十具敗步騎要窮寇遮走北壘門拒
守矛戟小櫓十二具絞車連弩自副三軍拒守天羅
虎落鎖連一部廣一丈五尺高八尺百二十具虎落
劍刃扶胥廣一丈五尺高八尺五百一十具渡溝塹
飛橋一間廣一丈五尺長二丈以上着轉關轆轤八
具以環利通索張之渡大水飛江廣一丈五尺長二
丈以上八具以環利通索張之天浮鐵螳螂矩内圓

外徑四尺以上環絡自副三十二具以天浮張飛江濟大海謂之天潢一名天船山林野居結虎落柴營環利鐵鎖長二丈以上千二百枚環利大通索大四寸長四丈以上六百枚環利中通索大二寸長四丈以上三百枚環利小微纆長二丈以上萬二千枚天雨蓋重車上板結枲鉏鋙廣四尺長四丈以上車一具以鐵杙張之伐木天斧重八斤柄長三尺以上三百枚棨钁刃廣六寸柄長五尺以上三百枚銅築固

爲番長五尺以上三百枚鷹爪方胸鐵杷柄長七尺以上三百枚方胸鐵叉柄長七尺以上三百枚方胸兩枝鐵叉柄長七尺以上三百枚芟草木大鎌柄長七尺以上三百枚大櫓刄重八斤柄長六尺三百枚委環鐵杙長三尺以上三百枚椓杙大鎚重五斤柄長二尺以上百二十具甲士萬人强弩六千戟櫓二千矛楯二千修治攻具砥礪兵器爲巧手三百人此舉兵用之大數也武王曰允哉

孫履恒曰軍用一篇備極車乘器械之制矣然相去三千七百餘年時固不同器亦數變名亦隨更今兩都武庫典籍圖畫往往不覩不合必宦遊邊關身履行伍如仲尼問禮問官然後能考同異而歸便利太約當時之車號堅固而今日之車器儇捷何也侯國相爭勢均力敵不得不爾若小醜竊發器械不備天兵臨之固不必如軍用之備以酋虜言之我之步騎不足當彼鐵騎則利先偏車而

高厚不便衝彼剽掠則利用輕而炮弩為主短兵為翼城守為常追勦為暫則軍用所載有宜有不宜有用有不用也武衛大扶胥三十六乘至冦夜來七段論車之大小輕重扶胥麗於車衝突者也後云木螳螂劔刄扶胥虎落劔刄扶胥又在車外者也武翼七十二提翼一百四十六言具不言乘而曰以五尺車輪以鹿車輪則亦是乘也除輜車外共四百八十六乘周制每車七十二人甲士三

人而此言二十四人推車者也以甲士三人合之四百八十六乘應是一千四百五十八人加以輜車騎寇不滿二千此言甲士萬人與車數不合者周制一車三人止言騎士此言車中材士武士或紙甲或犀甲寇至突擊兵教所謂衆軍之中有材智者乘於戰車前後縱横出奇不在騎内者也況後云甲士萬人强弩六千戟櫓二千矛楯二千是車非騎明矣蓋凡騎必射短刀一口强弩戟櫓矛

楯皆非騎士用也自方首鐵棓至狹路微徑八段皆敗敵之具自壘門拒守至天雨蓋重車六段皆自備之具伐木天斧芟草木大鐮二段皆樵採之具器械如此其多即輕重千乘不能盡載即能盡載不沉滯乎蓋軍中無緩急不備之器非一時盡用之器武子云不知山林險阻沮澤之形者不能行軍不用鄉導者不能得地利軍讖曰將能圖山川能表險難知其地勢則知宜用何器其尋常弓

弩。刀戟甲楯戈矛行。馬蒺藜雨蓋樵絿之具。固時刻必隨。假如無江海之限。要天船何用。知此則知其凡矣。

三陳第三十二

武王問太公曰。凡用兵爲天陳地陳人陳。奈何。太公曰。日月星辰斗柄。一左一右。一向一背。此謂天陳。丘陵水泉。亦有前後左右之利。此謂地陳。用車用馬。用文用武。此謂人陳。武王曰。善哉。

孫履恒曰太乙統宗云太公分天地人爲三才方諸井田計九百畝畫爲井字中百畝爲公田外八百畝爲私田八陣之制中井虛地大將居之四旁八區四奇四正之將寓焉是爲三才之陳畧見於天地風雲龍虎鳥蛇矣李靖云詭設八名則其實不過三才五行也此謂日月星辰斗柄左右向背爲天陳可矣謂丘陵水泉前後左右之利爲地陳是陳緣地設非有地陳也且謂用車用馬用文用

武爲人陳將天陳地陳無車馬文武歟殊無意義蓋天有積卒之象在房度西南其星十二點布爲内外二重外圍以八八營也内握以四中壘也合内外爲九九軍也八陣開方九百畝總效此象天地人盡在其中三才之陣又從五行中增設前後左右而合爲八陣陳之則爲三才戰之則爲三伏名異而實同變變化化不出井字也

疾戰第三十三

武王問太公曰敵人圍我斷我前後絕我糧道爲之奈何太公曰此天下之困兵也暴用之則勝徐用之則敗如此者爲四武衝陳以武車驍騎驚亂其軍而疾擊之可以横行武王曰若已出圍地欲因以爲勝爲之奈何太公曰左軍疾左右軍疾右無與敵人爭道中軍迭前迭後以武車驍騎亂其軍而與敵人攻其陣矣敵人雖衆其將可走

孫履恒曰入圍絕之中緣將不精微之故苟知彼

知已識山川地利必不至此四武衝陳者以武車驍騎四面衝突所謂將軍有死之心士卒無生之氣必死則生之謂也然敵遠褁重圍猶可致死若堅壁坐困奈之何哉到此地者不死亦傷出圍幸矣欲因以爲勝不亦難乎善圍者必缺善敗者不亂必平日隊伍嚴整僞示散亂投其缺處彼必肆襲專精并銳觸其不意猶可以逞

必出第三十四

武王問太公曰引兵深入諸侯之地敵人四合而圍我斷我歸道絶我糧食敵人旣衆糧食甚多險阻又固我欲必出爲之柰何太公曰必出之道器械爲寳勇鬭爲首審知敵人空虛之地無人之處可以必出將士持玄旗操器械設銜枚夜出勇力飛走冒將之士居前平壘爲軍開道材士强弩爲伏兵居後弱卒車騎居中陳畢徐行慎無驚駭以武衝扶胥前後拒守武翼大櫓以蔽左右敵人若驚勇力冒將之士疾

擊而前弱卒車騎以屬其後材士强弩隱伏而處審候敵人追我伏兵疾擊其後多其火鼓若從地出若從天下三軍勇鬬莫我能禦武王曰前有大水廣塹深坑我欲踰渡無舟楫之備敵人屯壘限我軍前塞我歸道斥堠常戒險塞盡守車騎要我前勇士擊我後爲之柰何太公曰大水廣塹深坑敵人所不守或能守之其卒必寡若此者以飛江轉關與天潢以濟我軍勇力材士從我所指衝敵絶陳皆致其死先燔

我輜重燒我糧食明告吏士勇闘則生不勇則死已出令我踵軍設雲火遠候必依草木丘墓險阻敵人車騎必不敢遠追長驅因以火爲記先出者令至火而止爲四武衝陳如此則我三軍皆精銳勇闘莫我能止武王曰善哉

孫履恒曰昔趙括與父談兵自以爲天下莫當而父不謂善其母問故奢曰兵死地也而括易言之趙若將括破趙軍者必括也後與白起戰于長平

起伴遁引括深入絕其軍爲二軍饑甚括率銳士身自搏戰起伏弩射殺之豈非敵人四合而圍我斷我歸道絕我糧食敵人既衆糧食又多之勢而括之搏戰又豈無器械勇力材士强弩武衛扶胥武翼大櫓敷蓋器械材官我與敵所共有也而入圍失勢則我所獨受也至此而曰如是則出天下莫能當矣蓋熟知地勢而敵入圍中使人人致死者明將也不知地勢而誤入圍中前後斷絕者愚

將也愚將一入必不出之數也明將一入則拔之無所往死且不北所謂審知敵人空虛之地者也先有出路故能入圍地士卒之耳目自愚我之胸中自唬此父不能傳之子而況紙上陳言傳之數千載之後欲祖之而必出則讀虎韜者將為人食其肉而寢處其皮矣若夫大水廣塹未出軍之前先有輿圖間諜及師行之際必有鄉導偵探且軍用飛江天潢正為大水而設豈其如盲人瞎馬貿

貿然不知所之投隮阱而後求出想當時固無此問荅也

軍畧第三十五

武王問太公曰引兵深入諸侯之地遇深谿大谷險阻之水我三軍未得畢濟而天暴雨流水大至後不得屬於前無有舟梁之備又無水草之資我欲畢濟使三軍不稽留爲之柰何太公曰凡帥師將衆慮不先設器械不脩教不精信士卒不習若此不可以爲

王者之兵也凡三軍有大事莫不習用器械若攻城圍邑則有轒轀臨衝視城中則有雲梯飛樓三軍行止則有武衝大櫓前後拒守絶道遮街則有材士強弩衛其兩旁設營壘則有天羅武落行馬蒺藜晝則登雲梯遠望立五色旌旗夜則設雲火萬炬擊雷鼓振鼙鐸吹鳴笳越溝塹則有飛橋轉關轆轤鉏鋙濟大水則有天潢飛江逆波上流則有浮海絶江三軍用備王將何憂

孫臏恒曰王者之師軍用備足固無缺乏之虞名將之出陰晴卜度亦得什七之候安得臨流求舟楫遇雨思笠簑軍畧九則眞是胸藏武庫百萬手麾猛將三千與三陳疾戰必出大不侔矣然由是觀之行師十萬日費千金此費何出愚故惓惓於治國之本用兵之要効其悃款

臨境第三十六

武王問太公曰吾與敵人臨境相拒彼可以來我可

以往陣皆堅固莫敢先舉我欲往而襲之彼亦可以來爲之奈何太公曰兵分三處令我前軍深溝增壘而無出列旌旗擊鼙鼓完爲守備令我後軍多積糧食無使敵人知我意發我銳士潛襲其中擊其不意攻其無備敵人不知我情則止而不來矣武王曰敵人知我之情通我之機動則得我事其銳士伏於深草要我隘路擊我便處爲之奈何太公曰令我前軍日出挑戰以勞其意令我老弱拽柴揚塵鼓呼而往

來或出其左或出其右去敵無過百步其將必勞其卒必駭如此則敵人不敢來我往者不止或襲其內或擊其外三軍疾戰敵人必敗

孫臏何曰臨境相拒莫敢先發此兩國手相遇苟得知局可矣對云前軍深溝增壘後軍多積糧食中軍何在豈銳士盡在中軍耶且無使敵人知我意畢竟此意云何用兵妙在不言軍勢詳言之矣何至使敵人知我情通我機動得我事此不才主

將莫可救藥且蒹葭翳薈不謹覆索之而使銳士伏深草耶日出挑戰誠可以勞其意揚塵鼓呼出左出右其將固勞我軍不勞我將不勞耶我往者不止或襲其内或擊其外彼曾無一着可應耶問荅俱無意味可删也

動静第三十七

武王問太公曰引兵深入諸侯之地與敵之軍相當兩陣相望衆寡强弱相等未敢先舉吾欲令敵人將

帥恐懼士卒心傷行陣不固後陣欲走前陣數顧鼓譟而乗之敵人遂走爲之柰何太公曰如此者發我兵去寇十里而伏其兩旁車騎百里而越其前後多其旌旗益其金鼓戰合鼓譟而俱起敵將必恐其軍驚駭衆寡不相救貴賤不相待敵人必敗武王曰敵之地勢不可以伏其兩旁車騎又無以越其前後敵知我慮先施其備我士卒心傷將帥恐懼戰則不勝爲之柰何太公曰誠哉王之問也如此者先戰五日

發我遠候往視其動靜審候其來設伏而待之必於死地與敵相避遠我旌旗疎我行陣必奔其前與敵相當戰合而起擊金而止三里而還伏兵乃起或陷其兩旁或擊其前後三軍疾戰敵人必走武王曰善哉

孫履恒曰發問與臨境不甚相遠答云發我軍去寇十里而伏其兩旁可矣車騎百里而伏其前後則敵竟無攔阻而我可或前或後耶意者離敵五

里而薄其前後則可以誘引入伏多其旌旗益其金鼓戰合鼓噪俱起而將恐軍駭此乳臭非老將也談何容易敵之地勢不可以伏其兩旁車騎又無以伏其前後此辨良是故曰誠哉王之問也如此者以下二十語㡬有分曉用此法者多矣必於死地與敵相避所謂置之死地而後生也

金鼓第三十八

武王問太公曰引兵深入諸侯之地與敵相當而天

大寒甚暑日夜霖雨旬日不止溝壘悉壞隘塞不守斥堠懈怠士卒不戒敵人夜來三軍無備上下惑亂爲之柰何太公曰凡三軍以戒爲固以怠爲敗令我壘上誰何不絶人執旌旗外內相望以號相命勿令之音而皆外向三千人爲一屯誡而約之各慎其處敵人若來視我軍之驚戒至而必還力盡氣怠發我銳士隨而擊之武王曰敵人知我隨之而伏其銳士佯北不止遇伏而還或擊我前或擊我後或薄我壘

我三軍大恐擾亂失次離其處所爲之奈何太公曰
分爲三隊隨而進之勿越其伏三隊俱至或擊其前
後或陷其兩旁明號審令疾擊而前敵人必敗
孫履恒曰兵徵云有大風甚雨之利爲得神明之
助此之日夜霖雨旬日不止溝壘悉壞是天之災
也若臨塞不守斥堠懈怠士卒不戒則將之過也
天時人事壞敗至此雖有善者亦無如之何矣此
等主將亦何能引兵深入諸侯之地哉設問多矣

三軍以戒爲固以怠爲敗二語至精可了此案吳子云先戒爲寶其衣鉢也以下十六語亦無大謬但過戒太勞難以持久不如持餧伏鋭僞進宵退敵人知我隨之此辨亦是答云分爲三隊隨而進之勿越其伏非還擊時分之發我鋭士時分之也明號審令又在平日訓練豈危急時所辨

絕道第三十九

武王問太公曰引兵深入諸侯之地與敵相守敵人

絶我糧道又越我前後我欲戰則不可勝欲守則不可久爲之奈何太公曰凡深入敵人之境必察地之形勢務求便利依山林險阻水泉林木而爲之固謹守關梁又知城邑丘墓地形之利如是則我軍堅固敵不能絶我糧道又不能越我前後武王曰我三軍過大林廣澤平易之地我候望誤失卒與敵人相薄以戰則不勝以守則不固敵人翼我兩旁越我前後三軍大恐爲之奈何太公曰凡帥師之法當先發遠

侯去敵二百里審知敵人所在地勢不利則以武衝爲壘而前又置兩踵軍於後遠者百里近者五十里即有驚急前後相知我三軍常完堅必無毀傷武王曰善哉

孫履恒曰此篇問得無識荅得有方大凡深入諸侯之地必我强而敵弱者也我將因糧于敵下其列城柰何使絶我糧道越我前後察地之形勢至不能越我前後但見其利未見其害後有作者不

易斯言矣我三軍過大林廣澤吾有候望敵亦有候望相遇飛矢戰沒失報容或有之然大軍之前候望不知凡幾無一失再失三失之理豈有卒然相薄者乎即卒然相薄師行有律如分塞所謂釆薪芻牧者皆成行伍何至大恐雖步卒在前武衝在後一退一進如轆轤轉必無毀傷況置兩踵軍於後乎有制之兵善之善者也

畧地第四十

武王問太公曰戰勝深入畧其地有大城不可下其别軍守險與我相距我欲攻城圍邑恐其别軍卒至而薄我中外相合擊我表裏三軍大亂上下恐駭爲之奈何太公曰凡攻城圍邑車騎必遠屯衛警戒阻其內外中人絶糧外不得輸城人恐怖其將必降武王曰中人絶糧外不得輸陰爲約誓相與密謀夜出窮寇死戰其車騎鋭士或衝我內或擊我外士卒迷惑三軍敗亂爲之奈何太公曰如此者當分軍爲三

軍謹視地形而處審知敵人別軍所在及其大城別堡為之置遺缺之道以利其心謹備勿失敵人恐懼不入山林即歸大邑走其別軍車騎遠要其前勿令遺脫中人以為先出者得其徑道其練卒材士必出其老弱獨在車騎深入長驅敵人之軍必莫敢出慎勿與戰絶其糧道圍而守之必久其日無燔人積聚無毀人宮室冢樹社叢勿伐降者勿殺得而勿戮示之以仁義施之以厚德令其士民曰辜在一人如此

則天下和服　孫臏伯曰攻城圍邑必阻内外絕轉輸但阻絕太急約誓密謀窮寇死戰衝擊内外勢所必至然攻則有餘圍師必闕故分軍爲三視形而處審知敎人之應援爲之置遺缺之道使外者各竄内者遲憊勿與急鬬坐困孤城則無攻之災有拔之利然總答問觀之曰遠屯警戒曰謹視地形曰謹備勿失曰愼勿與戰則以戒爲固之說也强大如此弱小可知至於無燔無毀勿伐勿殺

勿戮本仁行義其德至厚天下有不和服否或曰武子云攻城之法爲不得已兵久而國利者未之有也而此曰固而守之必久其日何歟曰此蓋列國已服無必救之軍者也樂毅之圍莒卽墨其庶幾乎七十餘城皆下獨兩邑朞年不克乃令解圍去城九里而壘令曰城中人出者勿獲困者賑之使卽舊業葢當是時一人已伏其辜兩賢不忍相厄欲以仁義厚德和服齊人而孰知燕昭無祿嗣

君受讒功業不終夷考行事何殊尚父愚故嘗曰
樂毅亦王佐也

火戰第四十一

武王問太公曰引兵深入諸侯之地遇深草蓊蔚吾軍前後左右三軍行數百里人馬疲倦休止敵人因天燥疾風之利燔吾上風車騎銳士堅伏吾後吾三軍恐怖散亂而走爲之柰何太公曰若此者則以雲梯飛樓遠望左右謹察前後見火起即燔吾前而廣

延之又燔吾後敵人苟至卽引軍而却按黑地而堅處敵人之來猶在吾後見火起必遠去吾按黑地而處强弩材士衛吾左右又燔我前後若此則敵人不能害我武王曰敵人燔我左右又燔我前後煙覆我軍其大兵按黑地而起爲之柰何太公曰若此者爲四武衝陣强弩翼我左右其法無勝亦無負

孫臏曰師行三十里十五里而造飯十五里而止宿所過必伐木芟草遠可四五里近亦數百步

烏有深草蓊周吾軍者其周吾軍者必吾軍在南草蓊在北吾軍在北草蓊在南吾軍在東草蓊在西吾軍在西草蓊在東者也假如吾薄草蓊而處亦必樵採以寬戰地戰地之前亦謹覆索之嶶人縱火焉能越空曠而燔我乎荅曰見火起卽燔我前是自燒也意燔字當作芟字若燔我後以爲退却之地則來時已爲薪芻之用矣問與荅皆非也若燔我左右又燔我前後豈風倏東倏西倏南倏

北敵有甚風之利我有甚風之害抑至於此眞天之亡我未必然也法曰凡風起之候月在箕壁翼軫人固將攻我我亦將攻人當是時不知不可以爲將即偶或不覺主司星曆者必告我警我則亟圖之矣即營壘未定風霾非候一面火攻吾之軍原可赴湯蹈火偏師少却全軍自固必無大災惟乘風之起當夜之候縱爾之火敵之奸人在我軍者可慮也則有尉繚分塞令曰吏屬無節士無伍

者横門誅之踰分干地者誅之踵軍令曰與軍踵軍既行四境之内無得行者非順職之吏而行者誅之而我又有分守信地稽察非常之令在

虚壘第四十二

武王問太公曰何以知敵壘之虚實自來自去太公曰將必上知天道下知地理中知人事登高下望以觀敵人之變動望其壘則知其虚實望其士卒則知其去來武王曰何以知之太公曰聽其鼓無音鐸無

聲望其壘上多飛鳥而不驚上無氛氣必知敵詐而爲偶人也敵人卒去不遠未定而復反者彼用其士卒太疾也太疾則前後不相次不相次則行陳必亂如此者急出兵擊之以少擊衆則必敗矣

孫履恒曰古人靈慧昭晳簡編學者不可涉獵不可執着如無音無聲飛鳥不驚之爲虛壘也而凡虛之象不在智者目中乎而超智一等者又將以實爲虛此躍躍意表難了了言下觸類旁通師古

倒用神而明之在我而已。若夫去而復反。亂而不治。此疾用士卒之故。敗徵已見。急擊勿失

袁谷子商隲武經七書卷之九

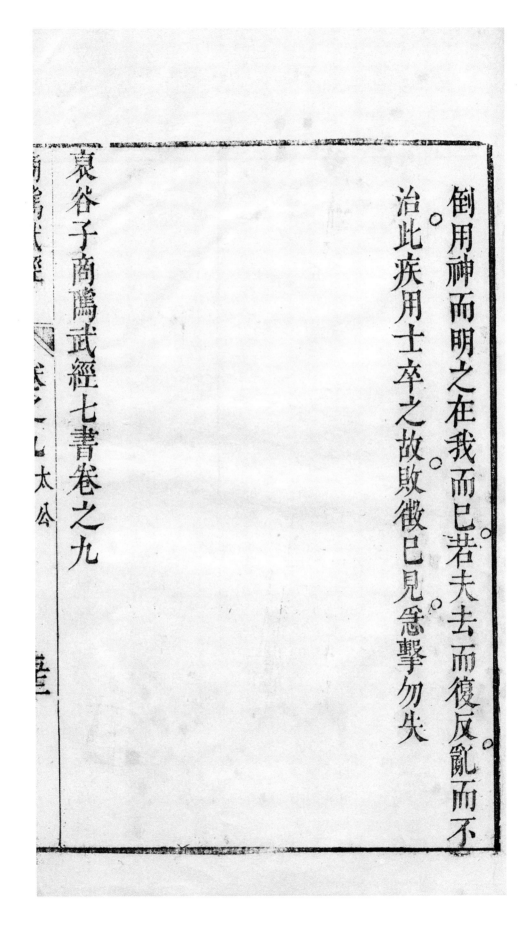

[illegible] 卷之六 三

袁谷子商隲武經七書卷之十

吳湖孫履恒仲淮父著

豹韜

林戰第四十三

武王問太公曰引兵深入諸侯之地遇大林與敵人分林相拒我欲以守則固以戰則勝爲之柰何太公曰使我三軍分爲衝陳便兵所處弓弩爲表戟楯爲裏斬除草木極廣我道以便戰所高置旌旗謹勑三

軍無使敵人知我之情是謂林戰林戰之法率我矛
戟相與爲伍林間木疎以騎爲輔戰車居前見便則
戰不見便則止林多險阻必置衝陣以備前後三軍
疾戰敵人雖衆其將可走更戰更息各按其部是謂
林戰之紀

孫履恒曰用莫大於玄默無使敵人知我情凡戰
皆然豈惟林戰且使三軍分爲衝陣以下數語未
見密謀何云無使知也豈弓弩爲表戟楯爲裏之

爲秘密耶卒我矛戟相與爲伍林間木疎以騎爲輔可矣而戰車居前卽林木已伐巳芟其根柢蟠結可轉轂耶思以爲戰車當別屯待步騎退却敵人驅馳突然衝擊不則步騎得利取道壘進然湏相機未可預定

突戰第四十四

武王問太公曰敵人深入長驅侵掠我地驅我牛馬其三軍大至薄我城下我士卒大恐人民係累爲敵

所虜我欲以守則固以戰則勝爲之奈何太公曰如此者謂之突兵其牛馬必不得食士卒絶糧暴擊而前令我遠邑別軍選其銳士疾擊其後審其期日必會于晦三軍疾戰敵人雖衆其將可虜武王曰敵人分爲三四或戰而侵掠我地或止而收我牛馬其大軍未盡至而使寇薄我城下致吾三軍恐懼爲之奈何太公曰謹候敵人未盡至則設備以待之去城四里而爲壘金鼓旌旗皆列而張別隊爲伏兵令我壘

上多積强弩百步一突門門有行馬車騎居外勇力銳士隱伏而處敵人若至使我輕卒合戰而佯走令我城上立旌旗擊鼙鼓完爲守備敵人以我爲守城必薄我城下發我伏兵以衝其內或擊其外三軍疾戰或擊其前或擊其後勇者不得鬬輕者不及走名曰突戰敵人雖衆其將必走武王曰善哉

孫履恒曰敵人深入長驅薄我城下令我遠邑別軍選銳疾擊其後此即絶道待我之法也知敵所

以待我則知我所以待敵矣及敵人分爲三四或戰或止之間而荅所以禦之之法曰謹候敵人未盡至則設備以待之種種突戰之法吳子所謂敵人遠來新至行列未定可擊孫子所謂以治待亂以近待遠以佚待勞善守者大約如此且我畜牧非必敵驅掠也我將以此餌敵佚其暮去裝重心恐退速而追擊之固法之所必勝也

敵强第四十五

引兵深入諸侯之地亦無敵强我弱之理敵武詳之矣

武王問太公曰引兵深入諸侯之地與敵人衝軍相當敵衆我寡敵强我弱敵人夜來或攻吾左或攻吾右三軍震動我欲以戰則勝以守則固爲之柰何太公曰如此者謂之震寇利以出戰不可以守選吾材士强弩車騎爲左右疾擊其前急攻其後或擊其表或擊其裏其卒必亂其將必駭武王曰敵人遠遮我前急攻我後斷我鋭兵絶我材士吾內外不得相聞三軍擾亂皆敗而走士卒無鬬志將吏無守心爲之

奈何太公曰明哉王之問也當明號審令出我勇銳冒將之士人操炬火二人同鼓必知敵人所在或擊其表裏微號相知令之滅火鼓音皆止中外相應期約相當三軍疾戰敵必敗亡武王曰善哉

孫履恒曰兵如奕然受子既多決難取勝故曰敵則能戰之少則能守之不若則避之敵衆我寡敵强我弱而曰利以出戰不可以守擊其前後左右敵豈豎子耶何爲其然也至有遮我攻我斷我絶

我之問而曰明號審令出我勇銳冒將操炬火同枹鼓以奮擊授徽號息火鼓以期會是謂刼砦乘其未定可然以犯細柵壁壘可乎尉子守權曰有必救之軍則有必守之城無必救之軍則無必守之城一失之過一失之不及折而裹之更當與突戰相權衡若主將平日講信修睦或冦其後或走其都則所謂批亢擣虛圖自解矣

敔武第四十六

武王問太公曰引兵深入諸侯之地卒遇敵人甚衆且武武車馬應作驍騎繞我左右吾三軍皆震走不可止爲之柰何太公曰如此者謂之敗兵善者以勝不善者以亡武王曰爲之柰何太公曰伏我材士强弩武車驍騎爲之左右常去前後三里敵人逐我發我車騎衝其左右如此則敵人擾亂我走者自止武王曰敵人與我車騎相當敵衆我少敵强我弱其來整治精銳我陳不能當爲之柰何太公曰選我材士强弩伏

於左右車騎堅陳而處敵人過我伏兵精弩射其左右車騎鋭兵疾擊其軍或擊其前或擊其後敵人雖衆其將必走武王曰善哉

孫履恒曰見可而進知難而退見其虛則進見其實則止此法萬世不易焉有敵人甚衆且武而深入其地者哉爲將而至士卒震走不止不才之甚矣夫力能深入者必智能應變令素行而禁止者也若車騎既繞我前後左右三軍震走兵既敗矣

何暇伏我材士强弩武車驍騎爲之左右又發我車騎衝其左右此必伏於未敗之先發於佯敗之後者也衆寡强弱之間與敵强相同然上云敵强此云敵武皆入其地者也入其地者意者投之無所往死且不北而諸侯自戰其地爲散地愚於必出言其槩矣若必俟過我伏兵射其左右夫敵處輕車熟路行到可伏之地必有別軍搜索兩旁豈有横行直撞自投伏中者乎

烏雲山兵第四十七

武王問太公曰引兵深入諸侯之地遇高山磐石其上亭亭無有草木四面受敵吾三軍恐懼士卒迷惑我欲以守則固以戰則勝爲之奈何太公曰凡三軍處山之高則爲敵所棲處山之下則爲敵所囚既以被山而處必爲烏雲之陣烏雲之陣陰陽皆備或屯其陰或屯其陽處山之陽備山之陰處山之陰備山之陽處山之右備山之左處山之左備山之右敵所

能陵者兵備其表衢道通谷絕以武車高置旌旗謹勑三軍無使敵人知我之情是謂山城行列已定士卒已陳法令已行奇正已設各置衝陳於山之表便兵所處乃分車騎爲烏雲之陣三軍疾戰敵人雖衆其將可擒

孫臏恒曰絕山依谷視生處高此處山之軍也何至孤處磐石四面受敵夫引數萬之衆深入人國必有輿軍大軍匯軍而三分之軍又有各分之旅

處山者一偏師耳前後左右必有別軍掎角其所以處山者葢借山之高瞰敵之卑因勢利導爲鳥雲之陣處陽備陰處陰備陽處右備左處左備右陽南也陰北也左右又從所處南北而分也如是則敵不知我何處是首何處是尾何處是路何處非路行列已定士卒已陳法令已行奇正已設戰合應麾多鼓鈎聲天崩地裂如轉圓石於千仞之山潰大水於萬丈之壑我欲止而不禁敵欲迎而

辟易此闕與所以敗秦而定軍所以斬淵也然依谷則生不依谷則死馬謖舍水上山張郃絶其汲道致敗街亭可不審哉烏雲解在澤兵或曰如敵處山奈何禦之曰緩則爲溝壍急則施蒺藜

烏雲澤兵第四十八

武王問太公曰引兵深入諸侯之地與敵人臨水相拒敵富而衆我貧而寡踰水擊之則不能前欲久其日則糧食少我居斥鹵之地四旁無邑又無草木三

軍無所掠取牛馬無芻牧爲之奈何太公曰三軍無備牛馬無食士卒無糧如此者索便詐敵而亟去之設伏兵於後武王曰敵不可得而詐吾士卒迷惑敵人越我前後吾三軍敗而走爲之奈何太公曰求途之道金玉爲主必因敵使精微爲寶武王曰敵人知我伏兵大軍不肯濟别將分隊以踰於水吾三軍大恐爲之奈何太公曰如此者分爲衝陣便兵所處須其畢出發我伏兵疾擊其後强弩兩旁射其左右軍

騎分爲烏雲之陣脩其前後三軍疾戰敵人見我戰合其大軍必濟水而來發我伏兵疾擊其後車騎衝其左右敵人雖衆其將可走凡用兵之大要當敵臨戰必置衝陳便兵所處然後以車騎分爲烏雲之陣此用兵之奇也所謂烏雲者烏散而雲合變化無窮者也武王曰善哉

孫履恒曰深入敵地而敵富我貧敵衆我寡則不知彼已矣踰水不能四旁無邑又無水草則不知

地利矣。來已非計，去烏可遲？索便詐敵，設伏待追，諒無出此。豈有神運鬼輸之術，而以爲敵不可得而詐，衆不可定而敗，金玉無所行其賂，伏兵無所施其奇，則分衝陳以須其畢出，發伏兵以寇其背後乎？自愚言之，敵富持久，肯信速至？否，伏兵暴露，能宿莽待？否，法固有半渡而擊之者，别將分隊踰水而來，正其時也，何以待其大軍濟水？夫動靜有云，敵之地勢不可以伏其兩旁者矣，則柰何？曰：伏不必伏兩旁前軍少却大軍持滿而待蓄銳而發即是伏也况踵軍又可乘其敝乎當敵臨戰必置衝陳眞用兵大要第敵亦置之則又奈何曰用我之衝無犯敵之衝此避實擊虛之法也曰何以知之曰善用間諜知其情實登高而望知其氣色所謂烏雲者烏散雲合變化無窮愚謂乘曛霧陰霾神其散合尤爲不可測識

少衆第四十九

議論平平無奇擊强之道

武王問太公曰吾欲以少擊衆以弱擊强爲之柰何太公曰以少擊衆者必以日之暮伏於深草要之隘路以弱擊强者必得大國之與鄰國之助武王曰我無深草又無隘路敵人已至不適日暮我無大國之與又無隣國之助爲之柰何太公曰妄張詐誘以熒惑其將迂其途令過深草遠其路令會日暮前行未渡水後行未及舍發我伏兵疾擊其左右車騎擾亂其前後敵人雖衆其將可走事大國之君下鄰國之

實不出此蓋談兵須防敵手平日道其常臨敵制其變而後可無失

士厚其幣卑其辭如此則得大國之與鄰國之助矣

武王曰善哉

孫履恒曰以少擊衆避之於易邀之於阨此不易之法此曰必以日暮伏於深草要之隘路者使敵不知我衆寡則驚而疑疑必走走必亂更易爲力也然以衆擊寡易以弱擊强難夫所謂强者以有能之將用有制之兵者也故樂子之告燕昭曰夫齊霸國之餘業而最勝之遺事也練於甲兵習於

攻戰王若欲伐之必與天下圖之與天下圖之莫若結於趙且又淮北宋地楚魏之所欲也趙若許而約四國攻之齊可大破也然則厚幣甲辭事大國之君下鄰國之士衆建諸侯之世不出此若今天下撻伐四夷則不同矣我衆彼少我弱彼強必練我之衆如彼之強而後可練之之法如何愚于吳子教戒畧言之請竟其說夫十年生聚十年教訓越之沼吳也兒能騎羊引弓射鳥鼠少長則射

狐兎匈奴之習尚也長年習於舟文人習於筆設文人操楫遇風即覆矣使長年握管點畫汗出矣故曰少成者天性習慣如自然宜僚之丸習也大娘之劔習也仲尼之聖亦習也欲與奴虜爭鋒則必習騎射欲習騎射必募精悍男子十四以上十六以下數千人衣鐵挽强縱緩鞭駿登山涉水不善騎射者爲車中材士教之數年長過二十四五副之武衝閑之節制懸之重賞一當單于自與尋

常召募迥絶矣或曰子動稱禦虜不及倭奴嘉萬年間福浙朝鮮不受其觸噬乎曰兵實地也虜得寸進寸敗則颺去倭則越大海矣萬里洪濤隔絶無累月長風救應所以難爲勝者以其死地則戰然而久必殲者以其必死可殺故自古有虜患而無倭患

天子之宵旰亦在此曰盜賊竊發亦實地也子置弗道何故曰盜賊爲害遘國家紊亂紀綱小人浚削脂

膏權奸窺竊神器故鎮前則後起鎮左則右起鎮四隅則腹内起故壞也若承平之世左道惑衆遁逃倡亂深山大澤借名說法烏合市井有股肱羽翼七十二人否有攻守軍用二十四具否有什伍部曲種種教令否有之於何地團聚於何地製造於何地操演郡邑將蹤跡之衛所將搜索之故倏起如風倏消如雪朝菌不知晦朔蟪蛄不知春秋盗賊之謂也即有數千不當奴虜二三十騎何煩

齒頻曰然則子之談兵動稱春秋戰國抑又何歟

曰兵之簡練將之諳習令之信必無如此時蓋其

君臣無日不討攻守其民無日不事戰鬪楚漢之

後三國爲雄五胡六朝盜賊之黠耳聖於兵者其

唐之太宗我之

祖乎

分險第五十

武王問太公曰引兵深入諸侯之地與敵人相遇於

險阨之中我左山而右水敵右山而左水與我分險相拒我欲以守則固以戰則勝爲之奈何太公曰處山之左急備山之右處山之右急備山之左險有大水無舟楫者以天潢濟我三軍已濟者亟廣我道以便戰所以武衝爲前後列其强弩令行陣皆固衢道谷口以武衝絶之高置旌旗是謂軍城凡險戰之法以武衝爲前後大櫓爲衛材士强弩翼我左右三千人爲一屯必置衝陣便兵所處左軍以左右軍以右

中軍以中鉦攻而前已戰者還歸屯所更戰更息必勝乃已武王曰善哉

孫臏恒曰處左備右處右備左已見烏雲山兵矣無舟楫者以天潢濟我三軍一見必出一見軍畧矣以武衝爲前後一見疾戰一見必出一見絕道矣智者推類盡餘觸景生情是何問之瀆而荅之窮乎愚謂兵非必戰也備固不可已隔大水而以天潢濟如武衛大車不便涉險法固致人而不致

於人何不待彼濟而我濟乎半渡而擊可慮也夫由不虞之道攻其所必救則彼自撤回矣撤回而躡其後不亦可乎或曰彼無不虞之道又不肯先濟則奈何曰能使敵人自至者利之也且我僞退而敵來追不可還而麾其半渡乎若其追北佯爲不及見利佯爲不知是智將也柰何不歸

犬韜

分合第五十一

武王問太公曰王者帥師三軍分爲數處將欲期會合戰約誓賞罰爲之柰何太公曰凡用兵之法三軍之衆必有分合之變其大將先定戰地戰日然後移檄書與諸將吏期攻城圍邑各會其所明告戰日漏刻有時大將設營而陳立表轅門清道而待諸將吏至者（避諱）較其先後先期至者賞後期至者斬如此則遠

近奔集三軍俱至併力合戰

孫履恒曰王者師師有與國有隣國有屬國非特將吏而已而期日合戰有大戰之地有攻城圍邑之地有伏左伏右掠後之地非必會集一處也武子曰知戰之地知戰之日則可千里而會戰然主將通知有陰符陰書則移檄將吏當有是書非書者師行三十里必先時討定以逸待勞遠近奔集恐犯趨利之忌意圖語滯弗可泥也一日之内十

萬之衆如金石絲竹匏土革木迭奏并宜無一失音不合節者此必勝之師也

武鋒第五十二

武王問太公曰凡用兵之要必有武車驍騎馳陣選鋒見可則擊之如何而可擊太公曰夫欲擊者當審察敵人十四變變見則擊之敵人必敗武王曰十四變可得聞乎太公曰敵人新集可擊人馬未食可擊天時不順可擊地形未得可擊奔走可擊不戒可擊

疲勞可擊將離士卒可擊涉長路可擊濟水可擊不暇可擊阻難狹路可擊亂行可擊心怖可擊

孫臏恒曰吳子料敵第二三段亦共有十四擊並存而揣摩之可也吳用選銳此用選鋒總是精卒所謂莫敢當其前莫敢當其後獨出獨入覇王之兵也若敵可擊而我無可擊之兵烏乎可蓋敵之知兵者自知可擊亦必設武鋒以待我兩鋒相當未知孰得况可以鈍擊精知彼知巳宜籌之矣

練士第五十三

武王問太公曰練士之道奈何太公曰軍中有大勇力敢死樂傷者聚爲一卒名曰冒刃之士有銳氣壯勇強暴者聚爲一卒名曰陷陣之士有奇表長劍接武齊列者聚爲一卒名曰勇銳之士有拔距伸鈎強梁多力潰破金鼓絕滅旌旗者聚爲一卒名曰勇力之士有踰高絕遠輕足善走者聚爲一卒名曰寇兵之士有王臣失勢欲復見功者聚爲一卒名曰死鬬

之士有死將之人子弟欲爲其將報仇者聚爲一卒名曰死憤之士有貧窮忿怒欲快其志者聚爲一卒名曰必死之士有贅壻人虜欲掩迹揚名者聚爲一卒名曰勵鈍之士有胥靡免罪之人欲逃其恥者聚爲一卒名曰幸用之士有才技兼人能負重致遠者聚爲一卒名曰待命之士此軍之練士不可不察也

孫履恒曰武車驍騎馳騎選鋒既爲用兵之要此鋒何來簡練之所出也蓋庸人無可用必簡而後

可練。羆雜不成品。必練而後成士。故以練士次武鋒。卽孫子所謂選鋒。吳子所謂練銳。古來名將都如此。可不加意乎。然不必分爲十一等。如月刄陷陳勇銳勇力可聚也。死鬪死憤必死幸用可聚也。如寇兵待命當聚爲一。蓋跋涉山川。由不虞之道。非此輩不可。卽使勇力強梁之士當之。到此氣喘足輭。無能爲矣。若厲鈍之士。聚爲一卒。衆鈍爲朋。敵人可購。是在善用之者。總之宜車而車。宜騎而

騎宜步而步此三卒必不可易聚

教戰第五十四

武王問太公曰合三軍之衆欲令士卒服習教戰之道柰何太公曰凡領三軍必有金鼓之節所以整齊士衆者也將必先明告吏士申之以三令以教操兵起居旌旗指麾之變法故教吏士使一人學戰教成合之十人十人學戰教成合之百人百人學戰教成合之千人千人學戰教成合之萬人萬人學戰教成

合之三軍之衆大戰之法教成合之百萬之衆故能成其大兵立威於天下武王曰善哉

孫履恒曰教戰之法逗於吳之治兵切於穰之嚴位詳於李之問對精於尉之經勸教令而該於周之蒐苗獮狩後有作者不出此學者融會貫通則得之矣

或曰覽于八陣商隱令人神往封狼居胥然終未發我覆也請亟悉之曰一人教戰成十人十人教

戰成百人而千而萬而三軍其大凡也陣必用車李牧之千三百乘衛靑之武剛車馬隆之偏箱車其徵也先偏後伍挾韓而戰也先乘後騎見便疾擊也車之陳列視地廣狹數萬之師分爲輿軍大軍踵軍矣以輿軍論有輿軍之旗有輿軍之章有輿軍之號畫方以見步點圓以見兵步教足法兵教手法非一陣也有前後左右焉以前後左右論非一層也各有三叠焉三叠之法形如五花即是

五行束之以伍誰敢參差得利則中伍亟驅雷轟潮湧失利則前退中進戰酣則中退後進更戰更息陳開騎縱楛矢星流有五車之伍有二十五車之伍累而積之多多如此左右相禁前後相待彰明行列鬬亂而不可亂曲折相從形圓而不可敗旌旗前指罔不致死麾左而左麾右而右聞鼓則進聞金則止重鼓則擊重金則退進有重賞退有重刑雖絶成陣雖散成行不應旌旗不聽金鼓法

同退後責講不行賞慶不貸此正兵也正兵居七奇兵居三或在正中或在正外或走間道或伏兩旁或在高山窮谷或在深草茂林或偃旗息鼓勒口啣枚或立幟懸旗起煙鳴鼓或變易旗幟淆亂金鼓或大風甚雨深夜大炮衝擊營壘未易更僕數亦畧言之耳若今之禦虜則有不利野戰而利憑城者夫憑城而戰邊將所習知也然亦須設突門隱伏勇力銳士追其裝重暮歸酌野戰憑城而

用之則有背城焉蓋奴虜之騎登山涉水如履平地而奴虜之矢透甲洞胸猶穿魯縞愚是以有少衆之説而曠日持久不能待也以夷狄攻夷狄不可恃也請去城三四里爲壘設伏畧如突戰視奴虜來處布陣大城之外城上置大將軍大車載佛郎機輕車列强弩追風輕車在前大車在後步騎如法車必載鐵蒺藜長不過丈澗輿車等懸於車前退則布地寇近我車萬弩俱發一交我車彍刺

便遡輕車既退佛郎繼之大車既退大將軍繼之冠若近城隍當必糜爛況有別壘攻其後乎此合古今而揣以臆見其爲閉戶操舟乎其爲室中造車乎是在明者辨之

均兵第五十五

武王問太公曰以車與步卒戰一車當幾步卒幾步卒當一車以騎與步卒戰一騎當幾步卒幾步卒當一騎以車與騎戰一車當幾騎幾騎當一車太公曰

車者軍之羽翼也所以陷堅陣要强敵遮走北也騎者軍之伺候也所以踵敗軍絶糧道擊便寇也故車騎不敵戰則一騎不能當步卒一人三軍之衆成陳而相當則易戰之法一車當步卒八十人八十人當一車一騎當步卒八人八人當一騎一車當十騎十騎當一車險戰之法一車當步卒四十人四十人當一車一騎當步卒四人四人當一騎一車當六騎六騎當一車夫車騎者軍之武兵也十乘敗千人百乘

吏萬人十騎走百人百騎走千人此其大數也武王曰車[illegible]吏数陳法奈何太公曰置車之吏數五車一長十車一吏[illegible]十車一率百車一將易戰之法五車爲列相去四十步左右十步隊間六十步險戰之法車必循道十車爲聚二十車爲屯前後相去二十步左右六步隊間三十六步五車一長縱横相去一里各返故道置騎之吏數五騎一長十騎一吏百騎一率二百騎一將易戰之法五騎爲列前後相去二

十步左右四步隊間五十步險戰者前後相去十步左右二步隊間二十五步三十騎爲一屯六十騎爲一輩十騎一吏縱横相去百步周還各復故處武王曰善哉

孫臏佰曰智囊有言平原易地利於輕車突騎則知車步騎易戰相當之数矣若論險戰則險者水也正所謂圮下黏植殷草浚澤車之勞地拂地也大澗深谷汙下沮澤騎之竭地患地也恐減八之

半猶不能相當爲車騎計必相地勢而用之必不入於勞拂竭患而後可且車有步卒當其勞拂舍車爲行誘而入伏以騎蹂之不兩利乎吏数易戰皆可因也獨險戰之法比易戰歩數太減猶有疑焉蓋險地傾欹宜寛餘地以伸縮而以車前後相去四十歩爲二十歩以左右十歩爲六歩以隊間六十歩爲三十六歩以騎前後相去二十歩爲十歩以左右四歩爲二歩以隊間五十歩爲二十五

步不太窄平且一陣之中車步騎必相參周一乘步卒七十二人甲士三人戰鋒隊步騎相半也駐隊兼車乘而出也如此分析豈李靖所謂逃盡騎兵不襍車步者耶高明者商之

武車士第五十六

武王問太公曰選車士奈何太公曰選車士之法取年四十以下長七尺五寸以上走能逐奔馬及馳而乘之前後左右上下周旋能束縳旌旗力能彀八石

弩射前後左右皆便習者名曰武車之士不可不厚也

孫履恒曰選車士必求四十以下七尺五寸以上又能逐奔超乘束縛旌旗彀八石弩斯不亦矯矯虎賁哉第恐百不得一焉有此三千人雖以無道行之必可克也況以至仁伐至不仁乎雖然弩身取桑桑勁有限恐世鮮八石之弩今之弩雖勁不用力挽而用鐵攀則古拙而今便也第不如古選

撵之精廩祿之厚耳

武騎士第五十七

武王問太公曰選騎士奈何太公曰選騎士之法取年四十以下長七尺五寸以上壯健捷疾超絶倫等能馳騎彀射前後左右周旋進退越溝塹登丘陵冒險阻絶大澤馳强敵亂大衆者名曰武騎之士不可不厚也

孫履恒曰選騎士年力身材廩祿與車士相同但

車士足趧力强騎士手精眼快覺有分别兵之貴精如此今遴法若然庶幾可與奴厲驅馳乎

戰車第五十八

武王問太公曰戰車奈何太公曰步貴知變動車貴知地形騎貴知别徑奇道三軍同名而異用也凡車之戰死地有十勝地有八武王曰十死之地奈何太公曰往而無以還者車之死地也越絶險阻乘敵遠行者車之竭地也前易後險者車之困地也陷之險

阻而難出者、車之絕地也。圯下漸澤、黑土黏埴者、車之勞地也。左險右易、上陵仰阪者、車之逆地也。殷草橫畝、犯歷浚澤者、車之拂地也。車少地易、與步不敵者、車之敗地也。後有溝瀆、左有深水、右有峻阪者、車之壞地也。日夜霖雨、旬日不止、道路潰陷、前不能進、後不能解者、車之陷地也。此十者、車之死地也。故拙將之所以見擒、明將之所以能避也。武王曰：八勝之地柰何？太公曰：敵之前後行陳未定、即陷之。旌旗擾亂人馬數動即陷之士卒或前或後或左或右即陷之陳不堅固士卒前後相顧即陷之前往而疑後往而怯即陷之三軍卒驚皆薄而起即陷之戰於易地暮不能解即陷之遠行而暮舍三軍恐懼即陷之此八者車之勝地將明於十害八勝敵雖圍周千乘萬騎我前馳旁驅萬戰必勝武王曰善哉

孫履恒曰戰之用車一陣之甲鎧也當胡虜突騎輕慓尤不可無此蔽捍然車有車之勝地有車之

敗地明將自處勝地而與敵以敗地拙將自處敗地而與敵以勝地故曰將通於九變之利者知用兵矣將不通於九變之利雖知地形不能得地之利矣況不知地形者哉遍之如何當敗竭困絶勞逆拂敗壞陷則引而去之使敵居之敵可爲我陷之地即趨之我可爲敵陷之地即避之避之不及即備之則有勝無敗矣

戰騎第五十九

武王問太公曰戰騎奈何太公曰騎有十勝九敗武王曰十勝奈何太公曰敵人始至行陳未定前後不屬陷其前騎擊其左右敵人必走敵人行陳整齊堅固士卒欲鬬我騎翼而勿去或馳而往或馳而來其疾如風其暴如雷白晝如昏數更旌旗變易衣服其軍可克敵人行陳不固士卒不鬬薄其前後獵其左右翼而擊之敵人必懼敵人暮欲歸舍三軍恐駭翼其兩旁疾擊其後薄其壘口使無得入敵人必敗敵

人無險阻保固深入長驅絶其糧道敵人必饑地平
而易四面見敵車騎陷之敵人必亂敵人奔走士卒
散亂或翼其兩旁或掩其前後其將可擒敵人暮返
其兵甚衆其行陣必亂令我騎士十而爲隊百而爲
屯車五而爲聚十而爲羣多設旌旗雜以强弩或擊
其兩旁或絶其前後敵將可擄此騎之十勝也武王
曰九敗柰何太公曰凡以騎陷敵而不能破陳敵人
佯走以車騎返擊我後此騎之敗地也追北踰險長

驅不止敵人伏我兩旁又絶我後此騎之圍地也往而無以返入而無以出是謂陷於天井頓於地穴此騎之死地也所從入者隘所從出者遠彼弱可以擊我强彼寡可以擊我衆此騎之没地也大澗深谷翳茂林木此騎之竭地也左右有水前有大阜後有高山三軍戰於兩水之間敵居表裡此騎之艱地也敵人絶我糧道往而無以還此騎之困地也汙下沮澤進退漸洳此騎之患地也左有深溝右有坑阜高下

如平地進退誘敵此騎之陷地也此九者騎之死地也明將之所以遠避闇將之所以陷敗也

孫履恒曰其疾如風其暴如雷白晝如昏此騎氣勢之大凡敵人始至行陣未定不固不鬬暮欲歸舍三軍恐駭奔走散亂以騎擊之此勝兵也若敵人行陣整齊堅固士卒欲鬬及深入長驅單用騎士恐未可克其必如平易見敵如暮返兵衆兼用車騎襍以强弩而後可乎凡用兵必用鄉導登高

瞭望進退疾徐自有節制且騎將必用知騎之利
知騎之不利者一入敗地惕然猛省豈至敵人佯
走長驅不止援入諸死地者乎不入九敗專用十
勝猶有不可知者蓋敵亦有騎敵亦知趨勝避敗
而以不知勝敗當之危亡可立待陷地尤有疑焉
凡謂之誘敵我誘之也能於深溝坑阜間高下如
平地進退誘敵則我知地利矣而曰騎之陷地不
亦誤乎意者進退誘我而我逐之此陷地也

戰步第六十

武王問太公曰步兵與車騎戰奈何太公曰步兵與車騎戰者必依丘陵險阻長兵强弩居前短兵弱弩居後更發更止敵之車騎雖衆而至我惟堅陣疾戰材士强弩以備我後武王曰我無丘陵又無險阻敵人之至旣衆且武車騎翼我兩旁獵我前後我三軍恐怖亂敗而走爲之奈何太公曰令我士卒爲行馬木蒺藜置牛馬隊伍爲四武衝陣望敵車騎將來均

曰蒺藜掘地匝後廣深五尺名曰命籠人操行馬進步闌車以爲壘推而前後立而爲屯材士強弩備我左右然後令我三軍皆疾戰而不解武王曰善哉

孫臏有曰車步騎三者如身手足缺一不可相爲無丘陵險阻則易地矣我車騎列陳於此其他車不得出騎不得行而後以步兵或從高而下或涉水而往緣崖攀木乘筏浮甖由不虞而攻不意行馬蒺藜其勝蹏也而揣摩衝陣搦立成蹏則有活

用車輪臨時架縛無車之沉有車之勁可以蔽材士可以伏强弩可以犯中堅可以遮走北若必掘地匝後廣深五尺即使敵不能越塹我亦不便陵躍矣高明者商之

裒谷子商隲武經七書卷之十終

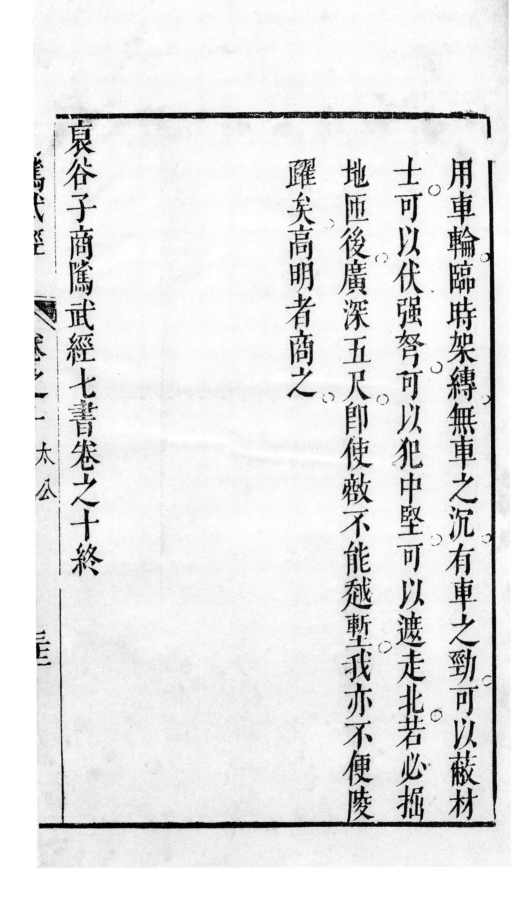

讓奏商周者商之世矣我車騎兩[illegible][illegible]其曲直
地匪從廣深臣天即使敵不能越塹攻亦不便疾
土可以代壘營可以衛中壁可以遮走此若必指
用車輪歸構架總無事之況有事之勢可以救材

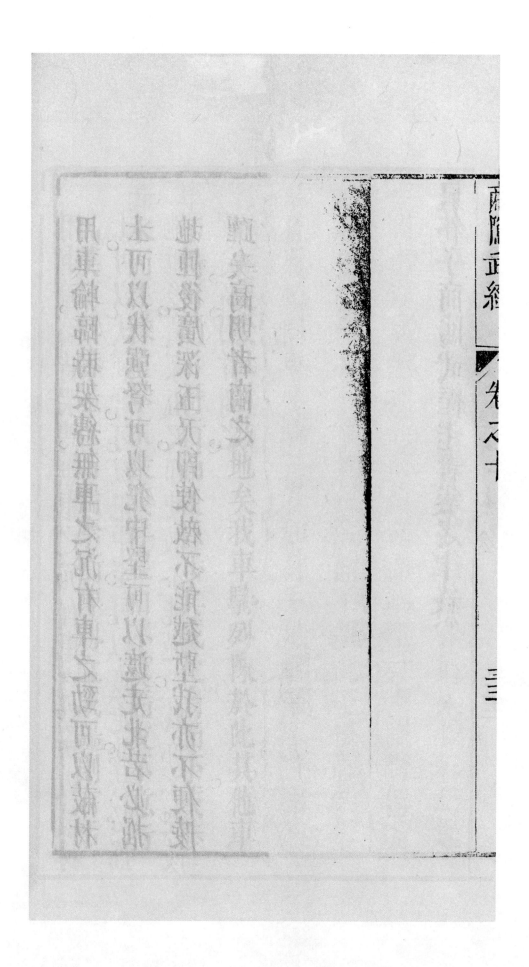

運軍先得我心者耶

袁谷子武畧雜言卷之奇

吳湖孫履恒仲立父著

募兵

客問於袁谷子曰遼黠發難召募逼行安家行糧之費幾百萬而潰散奔走之卒幾十萬則募之之法奈何曰凡召募千人必先就募使者原籍募百人爲親兵又選千人之内二百人使親兵領之分爲三隊以百人隨募使者以百人次後三十里又使百人次次

禁迯莫善于此

此酌取伍制令兵叙下精蘊非杜撰也

後三十里其服色自表及裏背上皆握補一字號時令隊長稽其包褁有不式者法而沿途正告地方其有如是服色投宿者獲以報賞若干而又嚴本隊之令一人逃一伍俱罰一伍逃一隊俱罰而逃將焉往若欲得戰之用則南人之不習北猶北人之不習南就近募之則得步騎水陸之宜操練熟而法令明制之有能之將其庶幾乎

牢籠猛獸若驅群羊妙妙

受降

客曰袁應泰之敗敗於受降然則降不當受乎曰凡眞降之人非吾之赤子即酋之罪人不受而反是我失遠人之心而酋正叛逆之法也可乎其詐降之夫非酋之智謀即酋之梟勇不受而反是見羽翼不翦而遇來間不因也可乎且夫降之眞僞如堂上辨堂下曲直一詰問而可知即不能無猜處之有道原我遼民則散之內地其爲酋人則分之九邊其中酋領

如此處降尚有失着否

及視其狀貌語言非常者封之夷館豐其飲食予以室家周圍積薪一有變故付之祝融則彼將輸其情反詐爲信安得見韋之敗而懲噎廢食乎

短劍自衛長鎗大戟叢刺莫犯

切中迂儒病痛

國計

葢聞兵可千日而不用，不可一日而不備。國可有餉而無兵，不可有兵而無餉。故管子以聚財富齊而無敎於天下，此富強之明效也。富強不可，將爲貧弱耶？儒者不爲不願，至甚之以民賊，謂其開君心之喜功，煽宇宙之殺氣，有激乎其言之，非王道與霸功，大謬也。嘗讀禹貢而知理財爲聖君急務，讀周禮而知理財爲聖相急務。孔子論政，足食在足兵之先，則食誠急矣記曰國無九年之蓄曰不足則足亦難言矣善言足者莫如子輿氏生衆爲疾食寡用舒足財之大道也平天下者當食不得寡用不得舒之時而不知生衆爲疾豈惟失王亦失霸矣

當今遼左囊血射天之奴正煩

九伐乘寨盜珠之賊未服上刑大司馬徵募四出大司空匠役百舉大司徒搜括萬端而無二十萬之餉三年之積記所謂不足者猶未可許也遇警則患兵少

廩食則患兵多究竟兵必欲多餉必不可少將從何出也以入計之夏稅秋糧約二千九百餘萬錢鈔二百二十餘萬以出計之上供數十萬養諸侯王數百萬百官廩祿十餘萬事河數十萬啗虜餉軍幾百萬常入不足以供常出而況有意外尾閭之泄將加賦耶澤竭矣而又漁之人心之危可慮也將設關耶已弛禁矣而又征之出途之喜旋變也將開納耶已壅滯矣而又益之日暮之途弗赴也將發帑耶已出數

百萬矣而又請之壘石之山可盡也將捐俸耶已見前歲矣而又取之養廉之款何存也將那移耶同舟共難矣而挖補之衣繻之缺可虞也將裁驛傳耶軍興有急血脈欲通往來之途胡可閉也將殺宗祿耶鼎命方新篤親是急好惡之情詎可拂也將議節省耶停者三殿織造減者御用宫需中正之通何可苦也於此不可於彼不可天無雨粟之時地無湧金之理巧媳無無米之炊柰之何哉昔之治兵者曰土廣

如有顧問文獻足徵矣

而治則國富言貴耕也作戰者曰國之貧於師者遠輸言貴近也待哺者曰航飯不及壺觴言貴速也夫耕而近近而速莫屯若矣屯之遺出于井嚴于齊之内政利於漢之湟中其後有鄧艾之營兩淮沮洳羊祜杜預之溉荆襄唐鄧唐屯九百九十二所宋紹興中墾田二千六百五十頃歷代文獻可按也我

太祖高皇帝加意於此視古最詳考其迹衞所有閒地卽分軍以立屯考其制則三分守城七分屯種以言其

制即如遼東一鎮一萬二千三百八十六頃他可知
已永樂中令願種者不拘頃畝給其犂具宣德正統
有添設屯田副使之詔景泰天順有監督兼理之令
成化弘治又令管屯等官用心清查嘉靖六年令各
處拋荒田地無人承種者即召人耕種不徵糧稅萬
曆十八年間特命太常卿兼河南道御史督理屯事
亦責成之至矣然旋行而旋罷至于今有屯之名無
屯之實遡流窮源曰鹽政之壞也復屯政當先復鹽

灼見流弊

政此人所知也愚以爲不行者有七而所當亟行者亦有七巨豪侵之而欲一旦返之則不行人安於蒭牧小利而憚于廢本開荒則不行上或恡于出毋而下又艱于鎡基則不行詔徵于三年之外而吏帥取之三年之內則不行耕種或失其宜而雨暘一違其時則不行當其開荒人情難與慮始迨其樂業子孫格于籍貫則不行管屯爲職者優游城市未嘗有所陌之巡典屯而來者憑信簿書不能較倉庫之實則

事事鑿鑿可行

不行誠下令曰爾侵之而能闢之可無奪爾田不能闢之而復據之則法必無赦而人將各自爲種此行之一法令曰芻牧卽徵芻牧闢荒則寬五年而人將不敢不耕此行之二法令曰官給耕資者三年後薄徵自具耕資者六年後薄徵而人將競利于墾此行之三法令曰軍闢若干屯賞如効首虜官侵若干粒罰如尅軍糧而人將自食其力此行之四法令曰高者宜麥宜黍廿畝鑿一井卑者宜稻區爲濬溝洫而

人相天地之宜此行之五法令曰凡民墾田數多者官之如開納之例入賦之年許其子孫應試則人有進取之心此行之六法令曰田之失屯由官之失職自今以後各處撫按自擇廉能吏用心督責歲有成績歲加封遷則人有勵精之意此行之七法屯政既行則不必目前有稅糧之益而一處之生衆爲疾則一處之粟多價平而一處之轉輸可減而爲折乾是多粟因以多金而足西北因以足東南此遞減遞增

之勢也行之十年海運可漕運亦可今歲之運改而爲明歲亦可孰利孰不利可無深慮然而不可不辨也何也即西北無不屯之田而東南之輓輸自不可少也主漕之說者曰漕也者

國家之血脈朝宗之孔道一日之往來不利則一日之呼吸不靈人身堪此痿痺乎而欲凌萬里之洪濤啟外夷之垂涎乎萬一有警問之不得棄之可惜此勝

國一時之利非我

朝萬世之策也進海之說者曰自膠州至淮僅五百里自萊州達天津僅六百里況舟皆由近洋島嶼連絡遇風可依汛期不爽占候不失即千艘萬艣可保無恙豈曰行之勝國即不可行之我

國家乎此其說兩是也亦可兩行也大約言漂溺則河安而海危語牽挽則海省而河費漕運宜什之七而海運宜什之三內外相兼彼此接濟所以防不虞之梗而海防衛所犬牙錯落亦可以威島夷而壯

神京先臣魏時亮有言遼陽自罷海運轉餉甚難乞請
遵舊路萬一坐河戒嚴而襟喉之地可無阻矣老成
謀國若有見于今日者
廟堂所當斷肰行之而不爲懲噎廢食者阻也行之何
如講于舟制而可矣如制于元者仙鶴哨船每載三
千二百石則淺沙難行小則不可乘長風破萬里浪
請爲二小一大入洋單行出洋如鳥張兩翼則險夷
可無恙如造于漕者薄板疎釘一年卽敝則魚龍難

車有比車船張兩翼總是獨造

犯而商賈之船何以五年一小脩十餘年一大脩請如使琉球法寧厚無薄寧密無疎工匠與俱往來則破月可無虞乃若募長年疏海道則有司者治之又何言哉雖然此卒歲之計掘井之圖非朝饑暮渴者所能需也愚知執事之意固有進于此者賦固不可加而赦積逋一二年借明歲一二分民必不駭也關固不可加泰山武當諸處聞有解

京香錢天竺普陀之類不妨設關稽口神固可使也援

覆前九段不惟文章有結構籌畫何等精確

納卽不可開而貲郎之虛銜可加錫類之封典可許士固虛名也帑藏雖不可發而士簡之鼠雀當問江東之朽布當出陳固可惜也常俸固不可損而大小之臣工踰制銓部之休沐可師請告宜聽也那移固非所安然以有事增者爲暫無事沿者非額度固有制也驛傳卽不能裁然而皇華之使可以一舟爲限尋常之差可以小車代夫品固宜程也宗祿固不可殺然而將軍中尉以下可闢閒田以當祿米發帑建

府之後可垂永業以省正供窮固宜通也節省固不可苦
一人停未央建章損錦衣玉食止陽阿北里則百官宜停樓臺池館損供帳飲食止遊觀倡樂四海之民宜不斵不朽不帛不肉不賭不博不僧不尼節固宜達也蓋天下之財止有此數出利之孔旣杜入利之路益疏此禹貢周禮孔曾含而未發之旨而管夷吾所以平山戎用此道也然而惟合則行惟斷乃成是在

明良加之意耳
泰鏡在心神算在掌自來言利之家不如子之奇
正而博大也

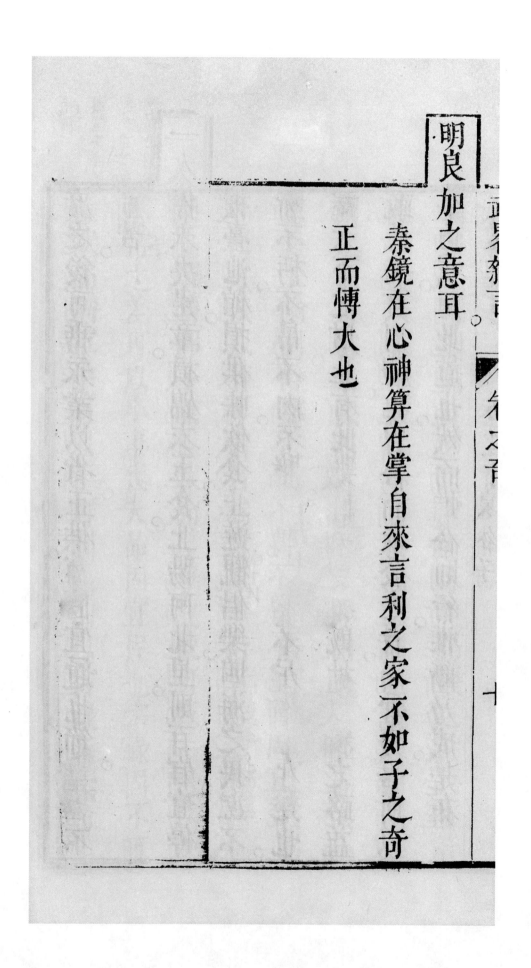

籌遼

夫國祚之長久因其根基而用師之易難視其酋虜基誠厚則子孫帝王萬世而不拔虜誠巨則明盛憂危三年而未平愚請先援古證今而後言兵事可乎天子之地莫削于周而戎狄之梟莫張于宋周衆建諸侯王畿不過千里耳故犬戎一入而周室遂東其所以遷而不亡者則先王開創以仁也宋當立國之始而中原已與契丹共矣故女直吞遼而宋社遂南

其所以渡而不亡者則臣子戮力之功也故人謂周之子孫日失其序而吾謂其先王原以德澤貽子孫不以富强貽子孫也人謂宋之臣子不能恢復中原而吾謂其太祖得天下之陰非其繼世守天下之弱也暴秦拒胡而立胡識固應耳周之後惟漢爲盛報其主之讐雪六王之憤其得天下正其守天下强四百餘年之卯金固其宜也弱晋以篡而易亂偏自召耳宋之前惟唐爲大雖乘廣之無道實由隋之留守

其拓基遠其豢寇巨二百八十餘年多難之朝迍相
當耳自宋淪于元而六合膻羶三精霧塞開闢以來
之大陽九大百六也我
太祖高皇帝奮起中天汞濟四海蓋盤古氏一闢鴻濛而
高皇帝再闢溷濁功勳三五拔出曆數天地久長矧我
成祖文皇帝又深識天下之大勢乎北極以定辰居南向
而朝天下蓋慮鎮輕則不能塞胡馬之長驅鎮重則
有唐藩鎮跋扈之患惟

九廟神靈盡在于此而後運動四海呼吸風霆易不云
乎其亡其亡繫于苞桑此
文皇帝制馭之巧也以故二百五十餘年東西一候南北
一尉風煙或徹于甘泉國勢難搖于磐石不虞萬曆
終年奴酋忽然狂噬迨于今類晉子之三北同殺尸
之未封夫小敵之堅大敵之擒麼麿小醜自取滅亡
可立而待然當事者何不講于知彼知已之說也夫
奴酋發難雖在戊午而卧薪嘗膽生聚教訓三十餘

年矣李文潔已憂之遼撫獨不聞耶何不飭將士請益兵也不飭不請至于失事而僥倖一戰是前撫不知彼不知已也全軍覆沒亦可以卜奴之悍矣我師新集亦可以知兵之未可用矣而不量將材不審地勢輕進擣巢是經臣不知彼不知已也奴之降我者畏我而來乎慕我而來乎其情僞可詰也賊之叛我者吝賞驅之乎嚴刑驅之乎其動靜可按也今降我與叛我兩不察而兩中其計是經臣者不知彼不

雖議在事後
實審在幾先

知巳也凡此皆兵之極粗極顯不待智者知之於此憒憒又何以爲元戎乎夫兵猶奕也少年喜奕之士於三十二法靡不究心可謂知奕矣苟遇國手未敢戰也必先受二三按邊據角漸入佳境而後可以不敗若即事野戰一着失誤全局幾空此一撫二經之覆轍也且奕有兩國手相遇者少算不勝然敗而不亂高祖之困于冐頓太宗之困于蘇文是也以小心之士遇驕貪之夫則一戰可以成功謝玄淝水之捷

虞乞文采石之捷是也奴酋雖小亦一國手也夫酋之輕欻善鬬與中國異而搊起之窮兇極惡又與常酋異故目頓之弑父而自立蘇文之弑君而自專其志已獲無有遠心而奴則父子兄弟之兵難與爭鋒任事者又不能如玄如文之小心欲無敗得乎以天下之大兆姓之衆控制一方何以至是緩則治本孫子始計吳子圖國以道之說也急則治標選將練兵可不講乎孔明云有制之兵無能之將不可敗無制

之兵有能之將不可敗今新募之兵欲有制難矣其必求有能之將乎古之論將者曰問之以言以觀其詳窮之以辭以觀其變與之間諜以觀其誠告之以難以觀其勇使之以財以觀其廉試之以色以觀其貞醉之以酒以觀其態如此則非特一將之任夫賢之命也愚以爲酒色財可勿問觀其詳變誠勇而加以問之星相問之蓍龜何也人未有命之所薄相之所夭而能封拜者亦未有筮之告凶卜之告妖而出

得立將之

不括動有獲者是故以四觀合四問而有能之將可選也有能之將得而兵自練矣將不詳則兵不備將不變則兵不奇將不誠則兵不附將不勇則兵不銳將不福則兵不利詳而後備可知也變而後奇可知也誠而後附可知也勇而後銳可知也術士僉羡著龜協從而後利可知也雖然此將之能也非所以佗將之能也欲佗將之能其覈名實乎簡精銳乎置前行乎汰老弱乎造比車乎恤軍屬乎夫名爲十萬而

實不過五萬六萬各邊之積弊也今之遼兵即不敢虛冒如前將無以八萬爲十萬乎則覈之便夫兵務募而不務精胡虜之草芥也請三輔近地大縣募十人中縣七人小縣五人必力舉三百五十斤以上者有餘加金不及格有罰而縣官不敢以故事應矣則簡之便夫弱卒不能衝鋒而勁卒不忍其先犯縮朒之常情也請赦未獲梟獍及失機將士置爲前行退則誅斬首則赦賞二級如一級三級如二級而壯士

乃得從後突陣矣則置之傻夫百萬之怯不如萬人之勇也萬人之怯不如百人之勇也故老卒無氣而敗卒喪氣請新募教成即汰舊卒日增日減日減日勁平居無冗食之費臨陣有殺敵之怒矣則汰之便

夫輕車能踰峻坂而丘車能攻堅陣大小所以異制也請制二輕并為一丘險阻單行平原比耦而相倚之勢莫禦矣則比之傻夫從征之士動經數年而室家之人久勞夢想可念也亦可勸也不聞投醪醉德

而挾纊驅寒乎請

練兵六則愈出愈奇

詔諭州縣各無家屬或問其父母或免其子孫

朝廷一頒此命將士共增踴躍矣則恤之便行此六者兵庶幾練乎他如九地五火之變四輕四機之治八陣六花之圖十二勝七十二人之翼古成法班班可考是在能將斟酌用之雖然任之以一人而議之以盈庭將之所以終不遐也講之以臨時而弛之于無事兵之所以終不練也鎮之于此而或發之于彼兵將

之所以終不給也故議之貴合能則用不能則去毋以人所薦也而短之毋以巳所親也而庇之備之貴恒有事餝無事亦餝不以羽書報急而加驚不以狼烟少息而遂宴防之貴審邉塞戒内地亦戒防微杜漸勿爲那東掩西之計因材使利勿違南舟北馬之長則以有能之將用有制之兵所當者破所擊者滅叛賊一朝授首奴兒盡室破巢遼左安天下俱安而執事所謂悠久無疆者若持左券矣

兵端鬬龍虎之伎筆端走班馬之靈舌端掩蘓陳
之口稱三絶矣

其見天地之心乎

辛酉籌遼

客問于孫履恒曰天生真主以保民也又何長此孽寇以戕我生民曰此乃天所以仁愛我民也人主尊天威霆使無四夷震讋中主以下吾不知其驕奢逞佚殘民以逞當何如矣故老成謀國有不欲伐楚者有欲釋吳者知此意也今

天子冲齡踐祚雖甚神聖乎承安襲慶未必福震來虩虩不必禍也曰是則然吾羞其爲國辱曰辱臣不辱君

神宗之世郊廟曠朝講廢宮府隔遷除壅喉舌塞帑藏閉關市逼令有一於此乎已諫行言聽而無救於遼故曰非君之辱臣之辱雖然奴酋卧薪嘗膽生聚敎訓三十餘年勃發于戊午非勃發於辛酉於昔爲金甌之缺于今爲幹祖之蠱今日臣子之責非今日臣子之罪也曰罪也責也皆任受也爲之奈何曰奴酋如虎出林十萬之衆獸驚鳥散誠古今一巨寇今復得遼陽積聚叛賊爲爪牙西虜爲犄角雖衛霍復起遽

難以敗戕之氣掃乘勝之氛然以天下之固無害也
皇上非尋常繼世也
光宗無祿如此矣儻先
神宗而不立朝不在未定之天耶今借一月之泰昌以及
孰知天總爲我
崇禎也
皇上豈非天哉雖然人事宜脩也請次第陳之酋與虜不
合可言也合不可言也兄弟之間可以利携而况犬
羊乎使辨士厚啖虜以利疑其腹心緩其助惡及此

溽暑增修城郭近集援兵庶幾可守而後行三策焉
其一曰聚天下精銳夫十步亦有豐草鄧林非盡棟
梁百金爲壽則政身可許駿骨猶買則千里三至而
欲以十餘金致天下死士可乎今如募浙兵也求多
於東義今年取千人明年取千人豈人盡虎賁乎將
各郡遂無可取乎且使一叅遊將之所過騷擾未見
克敵先見殃民其歸解替換中途逋逃又其餘也今
請

實可見之行事言爲世法此之謂也

諭天下長吏大縣募十人中縣七人小縣五人多材之地勿限必力舉五百斤者匪是則奇謀善射陰陽技巧之士人予五十金如諸生應募者例金之外官以千總其膂力絕羣者加倍可也不及五百斤者遞減之至三百五十斤以下弗收矣其給散則或縣或府或道聽募者所欲防护除也即充各役隨本官入覲小縣寄大縣可省行糧數萬金本兵試驗有餘者賞不及者罰有能建功者選主僉得超秩則兵精矣隨

諭經臣沐其病老照縣大小令還故鄉則路無擄掠之
虞邊無冗食之費兵有休息之期而公私俱便矣他
如布按賫捧可帶二百人解銀等官可帶二十人皇
華使臣以老出以壯入約可五十人則精鋭源源而
來矣其三曰繫將士心脊夫豺狼不食其子烏鳥反
哺其慈而况人乎二賊之叛也必預爲其父母妻子
地矣請養大帥副將家屬于京師有功則官再功則
陛其遊揮以下壯士命郡縣恤其家屬則内顧感淚

吳子勵士中有之

募民徙塞下難實京師易

而外交意絕矣夫以
朝廷優戰士則不足以各郡縣優戰士家屬不過稍爲
料理歲費贖鍰數十金而已其三曰聚天下財力夫
爵者
朝廷之所不甚費而財者富民之所有餘也凡人起家
十萬或數十萬其才智必有過人者納粟常調此時
不足鼓舞人心誠能懸爵設格能召募勇士若干居
京師者無官者即實授官有官者即超其秩罷職者

即復其職有罪者即原其罪如無子而族與爲難傾家助邊者没後予謚四時祀之命官之法如中書也可加部郎如已加部郎可兼金吾將軍富人之壯士富人自將之或其子弟將之結束奇麗與公侯子弟較習騎射以寵異之名曰

禁旅竊意與命四馳一歲之間豔而慕樂而赴集

闕下者不啻百家便可得萬餘人且此富人中未必無奇材異等講于討伐比于劉晏者在或屯或牧郎佐

司農冏寺未可知也亦可以壯
天子威靈增京城高厚矣此三者今日所當亟議者也至於論將制勝則又有說焉夫名下固無虛士而深源亦屬蒼生從人望矣猶必使有識者察其真贋大凡易言兵者必不知兵孔子所謂臨事而懼好謀而成千古兵訣也趙括自以爲天下莫能當一戰而坑長平李牧十五年堅壁清野一戰而大破匈奴此易不易之辨也然法曰兵聞拙速未覩巧之久者何哉春

秋之時卿大夫皆習于兵民無不即耒耜而戈矛者故皆以一戰定覇不覇則役鷸蚌相持則漁人收之矣庸可久乎若天下金甌一方少缺奈何不講于萬全之策而倖倖一戰也太王之避狄也猶小弱也三分有二何以事昆夷誅秦斃項何以困平城雪耻除兇何以盟頡利以文王之聖焉而事以高帝之雄焉而和以太宗之英焉而盟而守文者可知已千古寃勝者衞霍兩將軍封狼居胥登臨瀚海兩軍所殺虜

合八九萬而漢士馬物故亦數萬夫八九萬無可稽而數萬則無可隱也即我開國元勳中山王百戰百勝遇王保保而幾覆者何也元之守將既非對手而皆用中國之民故大將軍乘勝逐北及保保而用匈奴之長技猶以元將待之故敗也夫破殘餘孽尚能唐突元勳況拔挺之窮兇極惡豈易言戰也非遂不戰也能守而後可以戰也守固矣上三策已行矣我之騎必不能當彼之騎何也兒能騎羊引弓射鳥鼠

自講于萬全之策至此一部商鷹之意逗矣

少長則射狐兎彼于騎射固生知安行者也將帥之家丁其能騎射者亦學知利行者也夫學利之去生安亦遠矣是必以車當之夫彼之騎若風馳雨驟車何及哉非能勝也能不敗也李牧選車千三百乘衞青以武剛車自衞其徼也房琯之牛駭而敗也未盡車之制也牛日習我之攻殺何以忽駭且奚事牛哉不堪騎之馬可策而馳也凡戰則先偏後伍馬軍在背壯士强弩伏于車中三十步內炮弩齊發什伍既

授壯士大呼奮擊武車轟馳瀚湧彼北則飛騎逐之即彼還而相角勝負未可知而有車爲殿必不大敗此雖權不可預設所以當胡馬之蹂踐而爲野戰堅城罷兵卧榻者恬必由之矣見可而進進得地利掘池築壘而守之此以戰爲守以守爲戰之法然非教民數年未易言也法曰不知彼不知己每戰必敗今不知奴之所長我之所短而遽穉經畧以戰傾輒繼路赴蹈不息良可痛也夫兵如奕焉急而爭利必敗

灼見時事流毋此將所以必曰宿將老將

必布置已定綽有成算而後出奇制勝或撓其前或覆其後或實東擊西或棄此取彼今夫王孫公子墨客詞人有自謂善奕者然而非專技也一遇國手饒三四不能下而縉紳先生誦詩讀書磨耗少年精神及其仕也雍容樽俎即能談韜畧乎未識行陣爲何如也一旦有急東西南北惟命之從其仗節死義則詩書之力其海騶不駕象人不戰則不識行陣之故也且人未有命之所薄相之所夭而能封拜者則術

士可問也且獨不聞吉凶同患是與神物國有大事問之守龜違卜不祥協從襲吉所以定羣疑而壯元戎不出此矣且一勝一負兵家之常小敗小失一二按問則彼將畏首畏尾安能展布四體後來者誰能挾必勝之策蹈不測之淵議事易而任事難是在

廟堂加之意耳客曰聽子之言鑿鑿可行請薦　當事者曰此閉門操舟試之風波有長年三老焉

救急累千言着着俱梟刀刀批郤得未曾有

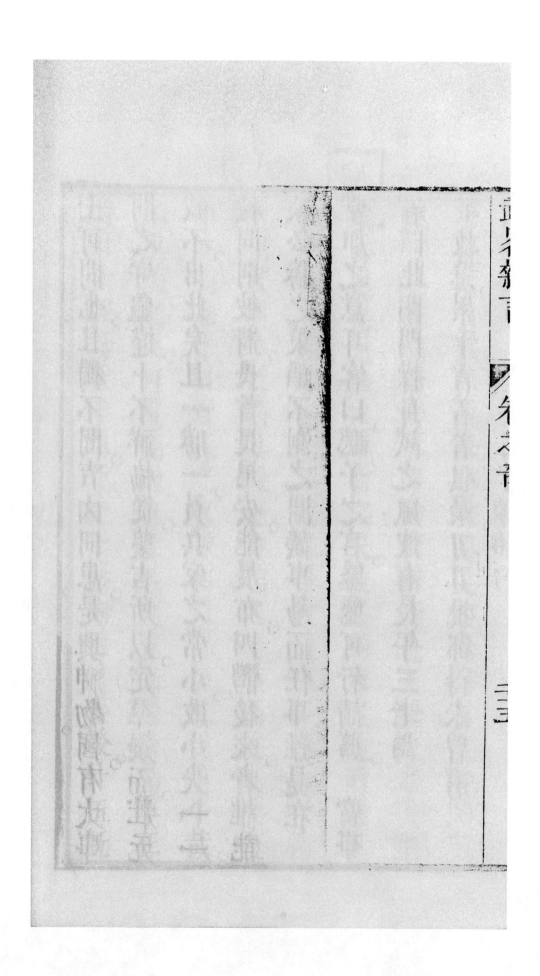

壬戌正月揭

東事之壞皆緣募兵求多而不求精之故愚生去夏有籌遼一策時異勢殊不堪再設今事急矣請單言募兵一策爲　當道陳之吳子曰强國之君必料其精銳者聚爲一卒有此三千人内出可以決圍外入可以屠城而太公練士亦與起合兵貴精而不貴多所從來矣今以徵募開蜀釁悔之晚已費安家行餉數百萬而臨敵不得璧臂之用此賈生之所痛哭流

浰者也今欲募則復擾不募則誰援計將安出哉請出內帑數十萬而懸五十金之賞格其一曰募京營夫禦盜者守之卧榻孰若守之門牆而欲調久閒之士卒臨不測之深谿危矣請

令曰爾團營之士原以衛京畿雖

祖宗有更番之令不忍行也今有五十金之賞在能力舉五百斤及九發九中者應募出關本兵試驗卽日親[illegible]者蓋不及者遞減三百五十斤以下弗收矣其

三曰募邊士夫四方之兵即膂力過人皆市井負販之徒責以騎射猶欲其筆札危矣請

勑邊塞曰一酋狂噬諸虜生心即將吏有勤王心弗輕動也今有賞格在無論良家材官應募出關者如數給予官吏扣除者法無赦則旬月之間約可得千人皆習兵而敢戰者也雖然精則精矣不亦太少乎不得不募天下精銳而仍前匿應故事靡費驛騷危矣請

敕計吏曰已往召募不精兵踰充數猶曰申飭未嚴也自今以後大縣募十人中縣七人小縣五人膂力及格者賞如約不及格者長吏必罰有差令各縣恩貢取其父兄子弟鄰里結狀率之以行其近川者救川又當另議也如此則三四月間可集五千人此太公吳起之兵也他如賞捧藩臬皇華使臣下至解銀等官遞減遞帶若干人源源而來攘攘而往壯經撫之氣奪奴兒之魄固在此矣若乃召募使者請委勳戚

此一段說者以爲未便恐一有喪失難以支吾然危急中不得不爾

子弟昔之奉差者但學曾參之冠至誰爲大禹之過門夫與國同休出疆反顧者公侯戚畹也請家與帑金五千兩各遣才子弟分往三輔召募壯士一家而百十家而千若得三十家便可得三千人京募先出邊募繼之勳募又繼之公家安而私家俱安此勳戚之所廟祠而求者也募兵而外則啓閉當嚴而要門宜辨也蓋人心疑懼而聽其出入將有空國之憂固萬萬不可若稷

要攔截北者不南將南者亦不北且使中貴可以恳
要非所以安人心也請
命臺省操其管鑰譏其出入有憑有引者無論其餘徒
步或原其貧或憐其老或入者如常則出者如舊而
尊官厚祿避人走人之士苟非夷氣洗惡
朝廷解嚴敢有懷歸懷安者哉蓋爵祿非人主所得私
而禍患非臣子所得避惟
兩殿中書等官原以貲事

皇上者也不必槩以忠義繩之其有欲乞差者故事有納銀之例今懼而求歸或令募士或輸募金若已輸募金而復募士者或加其秩或益其封以一紈袴子弟易一二十戰士不亦可乎此亦一便也抑愚于是而有感於疏通之法也仕路冗滯至今極矣師師濟濟者固多庸庸碌碌者不少一聞警報輙動歸與特不敢先發耳今聞遠取才者近留能者何不聽若輩休沐而上爲之酌其行止以虛賢者之席也至如候選

貢監異途俟河之清欲歸不得者乘其恬淡給與虛銜冠帶亦令自便此亦疏壅導滯之一時而節勸助餉之一事也謹揭

他人至此手忙腳亂子獨優游論列巧中機宜惜乎奇才不令出關也

安國全軍之道

國之事孰有大於行師者乎是故必勝而後戰一勝而天下安此帝王之師也夫兵凶器也爭逆德也戰危事也用凶從逆即危豈得已哉必不得已而行之則必計利審害鑒前持後用我所長無用我所短行我所明無行我所疑立于不敗之地而後可游于必勝之途不然君不知兵勢有所不可而悻悻趨戰是以將與敵也將不知君命有所不受而貿貿決戰是

委君命於草莽也故兵莫戒于憤禁亂誅暴義兵也
敵加于巳不得巳而起者應兵也而不知兵者每轉
義轉應而爲憤故王者必以全取勝用能匡正八極
齋定九夷國有泰山磐石之安善乎武子之言曰主
不可以怒而興師將不可以慍而致戰怒可以復喜
慍可以復悅亡國不可以復存死者不可以復生慎
之警之斯明君良將之所以安國而全軍夫誰不欲
安全而功效相反者怒也慍也國之安由軍之全也

將之慍由主之怒也夫天子一怒伏尸百萬勇士一怒雄入九軍是故七旬不貶好生一怒不傷仁主郤克報帷笑之辱田單發掘壟之仇故曰殺敵者怒也怒烏可少哉而曰不可怒何也怒者義氣也勇氣也直氣也義而無禮以行之則躁躁則輕而不重勇而無德以定之則浮浮則淺而不入直而無慮以詳之則徑徑則率而不返重者泰山壓之輕者飛鳥離之入者膚智通之淺者影响度之反者躊躇顧之率者

逝波沒之然則安國全軍之道在此不在彼明矣且吾聞之五勝者禍四勝者弊三勝者霸二勝者王一勝者帝夫勝且不可多况不勝乎試以不可總計之行師十萬日費千金不得操事者七十萬家雖粟如丘山金如鹿臺可立罄也可不可也千里饋糧士有饑色近師者貴賣則百姓財竭雖砂石變爲南金瓦礫化爲和玉無所用也可不可也戰而勝破車罷馬鈍兵敝甲如漢兩將軍出塞殺虜合八九萬而漢士

馬物故亦數萬名爲開疆而實空國可不可也無定之魂猶然入夢閨中之想不到遼西上干天地之和必有凶荒之歲可不可也力屈財殫中原内虛草澤之奸乘間而發夷狄之長觀釁而動雖有智者不能善其後可不可也凡此五者猶未及于失律輿尸陷城喪地而况怒而慍慍而戰輕進淺謀率意破在呼吸之間危在旦夕之際可不慎與可不警與慎則慎之於治人不和于朝不可以和國不和于國不可以

和軍而所以警戒臣工和衷協恭者不啻三令五申
慎則慎之於任地菽粟者軍餉之所出也布帛者旌
旗之所出也而所以教耕教織者丈夫有畝數婦人
有尺度不啻臨軍約束慎則慎之于事天博碩肥腯
謂民力之普存也尸居淵嘿謂帝鑒之在茲也而祝
史薦信顧諟明命不啻大敵在前慎之於三大政可
以無事矣又無日不討軍實而申儆之曰天下雖安
忘戰必危無日不戒邊吏而脩飭之曰苟可相安無

爲難首。一旦有事也，選於人，望告于太廟，啟於元龜，
授以斧鉞，曰：勿以三軍爲衆而輕敵，勿以受命爲重
而必死，見其虚則進，見其實則止。將受命之日則忘
其家而以三軍爲家也，張軍宿野則忘其親而以三
軍爲親也，援枹鼓之日則忘其身而以三軍爲身也。
合於利而動，不合於利而止，進不求名，退不避罪，惟
民是寶而利于主。此將所受之君而日自警惕者也。
惟人治而德義不相踰，材技不相掩，勇力不相犯，而

陳已定矣惟地任而三年有一年之蓄九年有三年之蓄食足而兵足耰鋤即甲冑而守已固矣惟天事而神且福之且據之居則時和年豐出則有大風甚雨之利而戰已勝矣加之以久餙之軍政久振之士氣重之以忘身忘家堅忍不拔之元戎是故澤洽威𡿺獄弭兵寢民不發軔甲不出暴而控制天下即必不得已而興師致戰則有一勝之道在夫百戰未必成眞主而决之一戰者何哉天下者天子之天下固

無敵國外患而爲千古除兇爲百王雪耻爲匹夫匹婦復仇則積財養氣勵鈍鼓懦并力一戰千里殺將方亦勝圓亦勝錯邪亦勝臨險亦勝敵在山緣而從之敵在淵沒而從之破竹不止奔流莫禦是所謂一戰而屈人之兵九夷八蠻無思不服國無再役三載之勞軍無亡矢遺鏃之費帝之所以制勝王之所以讓功也乃後世之行師者吾惑焉朝廷如聚訟而不知其幾時平也邊塞如石田而不知其幾時耕也彗

孛飛流水旱洊至而不知其幾時調也卒如驕子如市人而不知其幾時練也將如南人使馬北人使船而不知其幾時慣也欲安國而恃此奚安欲全軍而恃此奚全其尤可異者則其爲元戎者也嘗官者固不辭險而就夷而以百萬之軍民千里之土地肩之德薄福薄智小力小之身何不自量乎即無可推委無可弛擔豈不聞將已受命拜而報君曰匃奴未滅臣不敢生還然臣聞國不可從外治軍不可從中御

願君亦垂一言之命于臣君既許諾乃辭而行此將之權也而以順怒爲恭不以成怒爲忠陣而不能定守而不能固戰而後求勝此明主良將之所慎重而大警者也且夫兵莫烈於五火之變火莫利于月在箕壁翼軫之日此我之所長也小敵之堅利于野戰速鬬大國之師利于憑城持重此我之所明也今不行我之明而行我之暗棄我之長而資敵之短等萬鎰連城之寶于瓦注委億萬生靈之命于蟣戰將生

死而肉骨乎易危爲安易亡爲存乎今夫閉戶而學操舟者試諸山谿而已機矣況汎浩渺而犯風波則長年三老何可不問也夫太平忘戰之日亦安得長年而問之哉操尚方之三尺履行陣之中央問前之所以覆没者何故彼之所以破浪者何因而視淵若陵視舟之覆猶其車却矣故曰先者隤陷則後者以謀先者敗績則後者違之猶鎛之與刃刃犯難而鎛無患者以其托於後位也愼之警之前人已誤後人

豈可再誤抑聞之法曰戰道不違時不歷民病所以愛吾民也不加喪不因凶所以愛夫其民也冬夏不興師所以兼愛其民也嗚呼盛哉如天之覆如地之載如元氣之無不磅礴此大聖人安全無外之規也豈直安我國全我軍而已哉

司馬云敬則慊吳子云先戒爲寶太公云以戒爲固皆慎之道勝也咬定慎字故縱筆所如頭頭是道執此以往安國全軍豈顧問哉

善用兵者不可測

兵無常形變化若神知之者勝不知者不勝吾不能必人之可知也恃我有不可知者而已矣夫兵者詭道也敵多方以誤我我亦多方以誤敵敵誤我不可不知我誤敵必不可使知然而不可不知者不可必也不可使知者可必也其必如在淵之龍乎在天之風雨乎良賈深藏若虛乎其斯爲不可知乎不可知者陰陽不測之謂神乎不然能而使人測之則勇者

將屠之風雨而使人測之則預者將脩之大賈而使人測之則盜者將竊之故事莫大于必克用莫大于玄默動莫大於不意謀莫大於不識大智若愚大勇若怯能而示之不能用而示之不用近而示之遠遠而示之近實而虛之虛而實之此兵家之勝不可先傳也李靖之對太宗曰漢戍宜自爲一法番落宜自爲一法或遇寇至則臨時變號易服出奇擊之番而示之漢漢而示之番善用兵者先爲不可測則敵乖

其所之也嗟乎此帝王制馭夷狄之道不可不講也天生戎狄在沙漠之外與中國殊地殊性殊習而人謂天不蒲西北則又殊天矣無所不殊故無所不噬豺虎鵂鶹與騶虞鸞鳳並生天地間雖堯舜之聖三代之盛不能剪滅者何哉太平絲竹忽焉而鼓鼙人主晏安忽焉而震驚明示有道則守無道則危此匈奴所以至今存也存而爲長城之築幕南之空則死于道死于戰不返之魂何罪存而爲五胡之濁中

原之沉則髮爲辮袴爲左衣冠之塗何辜此所以上
下古今不能不有慕于不可測之說也請先測兵家
而後窮不測之變司馬之法太公之韜畧大約爲王
者刑不祭征不享讓不貢告不王否則爲其國君守
社稷者也且所由來久矣其中不無沉埋岩穴之英
假托附會之語故宜於古或不盡宜於今其淺者固
不可測疑者亦似可闕尉繚之純疵猶是也孫勝于
春秋吳勝于戰國當時之天下固爭戰之場也當時

之民固鋒鏑之餘也當時之卿大夫固行陣之長也當時之車書玉帛同而語言嗜欲通五事皆可計五間皆可廵五服皆可用我可以測敵敵亦可以測我非大智不能有加于敵故曰先爲不可勝不曰先爲不可測以中國制夷狄則不然如曰主孰有道也可與計道耶如曰天地孰得也爲天宗子爲山河其主可與計得耶如曰兵衆孰強士卒孰練也我雍容樽俎染翰賦詩彼賤長貴壯俗尚氣力人不弛弓馬不

此中國長伎以長技智襲難及也

解勒可與計强計練耶如曰因間反間也其官人可得用耶其内附各自為種豈間我者耶且犬羊無義恃其强剛可以禮服可以讓服可以辭服耶非我族類其心必異番情叵測難以遥度辟如以明測幽繪者之圖鬼終未真也莫若我自處于不可測不可測云何彼之測我者曰平原易地輕車突騎此中國之長技也我謹避之勁弩犄角火銃齊發此中國之長技也我謹避之長短相雜什伍俱前此中國之長技

也我謹避之下馬地鬬劍戟相接此中國之長技也我謹避之我上下山阪出入谿澗而中國之馬弗任矣我險道傾仄且馳且射而中國之騎弗習矣我因獵以爲食帶傷以爲鬬前死而後進而中國之民弗堪矣我或撓其前或覆其後或擊其旁震而駭之躁而蹴之而中國之兵弗支矣而孰知阿史那社爾執失思力契苾何力畨人即我人也以蠻夷誘蠻夷不過相餌以分利以中國用蠻夷戰則啗以重賞勝則

幷其部落其不聽蠻夷而聽中國也明矣於是以中國之長技兼匈奴之長技番可用番漢可用漢番可使爲漢漢可使爲番彼測我漢也而竟番矣測我番也而竟漢矣測我以漢爲番而原是番矣測我以番爲漢而原是漢矣漢兵什九番兵什一什九爲正什一爲奇漢亦有奇番亦有正分之于敎閱合之于臨時分而復合合而復分先合爲正後合爲奇有先而後有後而先正却而奇奇却而正正散而奇奇合而

河至此神
子衛公
下風矣

正追奔逐北吾之車亦可以爲騎攀木緣崖吾之騎亦可以爲步時先偏而後伍時舍車而爲行外亂而内整内精而外鈍伏藏以爲伏盈陰以奪陽無窮如天地不竭若江海終而復始似日月死而復生同四時紛紛紜紜而非引勝渾渾沌沌而有條理動于九天之上藏于九地之下乖其所之致人而不致于人此吾所謂神龍之變風雨之疾良賈之藏而莫之測我若没者之揆驪珠瞽者之卜陰晴偷者之羨瓊林

測我避我而不得測我輕我而不得此不可測之説也雖然番不能測我矣我終不能測番乎番不能測我我不能測番勝猶兩持也番不能測我而我復能測番此所謂知彼知己百戰百勝者也是故令賤而勇者將輕鋭以嘗之務于北無務于得觀敵之來則可以測將之智愚聽其鼓無音鼙無聲望其壘上多飛鳥而不驚則可以測其詐而爲偶人三軍整齊旌旗前指鼙鼓聲揚有大風甚雨之利則可以測其勝

[illegible]五則可
[illegible]商之道
不[illegible]矣

而謹守勿攻三軍怠惰旌旗亂逆大風甚雨之利
則可以測其敗而急擊勿失夜半清淨持管候音聞
宮商角徵羽則可以測其司命之神而制以五行之
君制勝之精通於玄冥變化之妙合於神明此又古
之先爲不可測者之所以測其不可測者之大凡也
乃武子又曰將軍之事靜以幽能愚士卒之耳目使
之無知易其事革其謀使人無識易其居迂其途使
人不得慮與之深入若驅羣羊驅而往驅而來莫知

所之則先爲不可測者并使我士卒不可測者乎夫然後其靜如山其徐如林侵掠如火鼓譟如霆怒如八月錢塘之潮殺如三冬振落之葉此靖之所以祖太公宗司馬善學孫吳位次尉繚之上而終擒厥突者歟雖然此軍中之事將之制非君之權也夫君者心也將者手也心與手不相應是爲痿痺痿痺之人難以赴鬭則呼吸宜緊氣脈宜鬯也然而心手相應豈可測哉默喻而已矣是故以近逼遠從中應外有

不測之陰符焉勝則用長急則用短行無窮之變圖
意外之利有不測之陰書焉一合而再離三發而一
知而猶未也有不測之恩威焉賞一人而三軍聞鼓
則喜聞金則怒罰一人而三軍以進死爲榮退生爲
辱而猶未也有不測之舉措焉鷹揚舟楫之佐入我
夢卜則戰勝在廟堂城狐社鼠之奸并之四夷則折
衝在千里然必舉措明而後賞罰當賞罰當而後陰
符陰書上達下行若以鑰啟鎖以燈取影以枹擊鼓

然則先爲不可測者其在君乎其在君乎

神出鬼沒無窮不竭吞具區者八九設智勇服膺

有不開胸中武庫掃眼底胡氛者乎

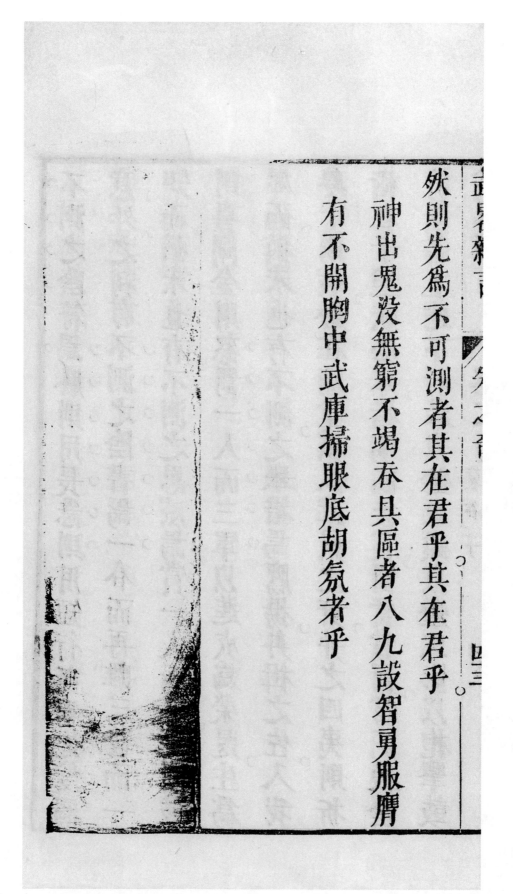

破虜諸將問答

或問於裒谷子曰自古國家夷狄之患多矣誰爲鞭答最勝曰史氏據聞見而加點綴固已多誣上下數千載間按史氏而品題之不又誣之誣乎孔子曰吾猶及史之闕文也而亟附丘明之耻且一經一傳相爲表裏是莫信於左氏也而傳載中行穆子伐無終舍車爲行裏戎而盡殪之戎可盡乎勝則勝矣未必若是甚也請次序眾之李牧之守鴈門也馬遷大言

其殺匈奴十餘萬騎滅襜襤破東胡降林胡單于十餘歲不敢近趙邊豈不雄覩千秋而謂其選車得千三百乘許周制一乘百人是一十二萬也騎萬三千匹是過倍于蘇秦說趙料趙之騎也百金之士五萬是五百萬金也當是時趙有秦難方盡銳并力之不暇尚有此多車多騎多餉委之李牧萃之一方乎一誇無所不誇勝則勝矣未必如斯後也次則衛霍兩將軍矣大將軍靑凡七出擊匈奴斬捕五萬餘一與

單于戰敉河南地遂置朔方郡再益封凡萬一千八百戶三子爲侯侯千三百戶并之萬五千七百戶驃騎將軍去病凡六出擊匈奴其四出以將軍斬捕十一萬餘渾邪王以衆數萬降遂開河西酒泉之地四益封凡萬五千一百戶斯不亦與中行武安並驅爭先令人神鬼欲飛怯弱並奮哉然大將軍三子俱未幾而奪侯驃騎將軍之子哀侯無嗣國除豈兩將軍出塞老亦殺少亦殺不較亦殺大非天子之義而天

道好生孽報不遠且寂後稱兩軍所殺虜合八九萬而漢士馬物故亦數萬以馬少不復出塞而海內空虛大盜蠭起竟何益乎且上云兩將軍各將五萬騎出塞下云兩軍出塞閱官私馬凡十四萬而復入塞者不滿三萬則前後之數不覈勝則勝矣亦得不償失也次則唐之李靖矣突厥民饑畜瘦部種離畔天亡之兆帝命靖率勁騎三千繇馬邑襲定襄破之頡利走磧口李世勣出雲中戰于白道亦大敗之頡利

寘鐵山靖勣計曰頡利若度磧保於九姓恐不可得今奉詔慰撫虜心自寬襲可獲志遂率衆夜發勣勒兵從之斬萬餘級俘男女十餘萬降部落五萬張寶相擒頡利以獻斥地自陰山北至大漠不必更論覺吐谷渾之功即此已傳矣而蕭瑀劾靖御軍無法問對隱伏盡傳其書於李勣則此中紛備不少勝則勝矣功有分之者也次則南渡之宗澤岳飛矣澤請帝還京二十餘疏忠君憂國堅如金石降楊進等五六

巨寇化邪歸正。望重丘山。而謂其以二千人力戰、破金人三十餘砦、自大名至開德、與金人十三戰皆捷、斬首數千。則不必爾。果爾。則朝廷倚之爲萬里長城。何止贈觀文殿學士也。卽黃汪阻抑。高帝不知。李綱、趙鼎、張浚何無一言賛美耶。飛忠孝天性。結髮從戎。歷百餘戰。內平劇盜。外抗强胡。善以少勝衆。以捷收功。嘗以八百人破羣盜王善等于南薰門外、以八千人破曹成數萬衆于桂嶺、定計八日擒楊么於洞庭

破群盜易敗兀朮難況以寡擊衆如此乎可疑也商之

處之湖湘其戰兀朮於順昌則以背嵬八百於朱仙鎮則以背嵬五百破其衆數萬誠中興第一名將宋室無前勁師然謂事事信史則未必然何也史稱楊再興以三百騎殺金人二千餘人再興死之此亦足以見少保之軍令再興之梟勇矣而謂獲其屍焚焉得箭鏃二升則誣矣夫一箭中要領便已墮馬若箭鏃二升經幾百矢矣尚有全屍否且獲其屍必棺之槨之封之樹之何忍焚之且稱兀朮以拐子馬萬五

讀此叙七將敵
得看史法

千來飛戒步卒以麻札刀入陣勿仰視第砍馬足拐子馬相連一馬仆二馬不能行夫船可相連馬可相連否兀朮驍勇善戰不若是愚也且令能麾左而左麾右而右麾前而前麾後而後肩踶之間不知不覺豈能戒勿仰視且一謂金人呼宗爺爺一謂金人呼岳爺爺又呼之爲父此强大不能得之弱小而弱小乃能得之强大乎勝則勝矣未必若是雄也總七將軍而論穆李用習戰之兵衛霍席全盛之勢李靖仗

大定之威其成功猶易而宗與岳獨丁破敗播遷之餘當時將吏鳥驚獸駭而不敢向轉敗甚難砥柱獨苦故立一分之功即比五將軍什分之九則培植忠臣義士不嫌虛張聲勢誇大勳名照耀千古而駁誣覈實何以故恐天下後世豔慕雄畧掀髯繫頸藐視單于殞身沙漠貽禍國家且將目擊腥羶身經矢刃猶不敢輕言戰而高坐九天之上俛視八埏之間風煙一徹甘泉鞭棰欲投瀚海撫髀而思曰昔何以盡

擒詞驚四海
借箸築長城

戎狄殺匈奴空王庭擒酋主收散亡若收禾黍驅鐵騎若驅羣羊但知守如處女不知攻如風發則有馬上趨戰而全軍覆没者矣則有置之死地而將帥並殞者矣則有不堅壁壘而望風逃竄者矣故中行之伐戎不如魏絳之和戎也李牧之破胡全在十五年之堅壁也兩將軍之出塞未若趙充國之屯田也李靖之擒陰山豈堪郭李之還唐祚也宗岳之屢戰屢捷皆必不得已而爲之者也嗚呼二千載閒僅有七

[illegible]算採封可不用殺壽國壽民將在此

將軍七將軍可多得乎蓋用兵如用藥薄伐獫狁界限華夷者良醫之所以視衂立效也堅壁清野無侵無得者常人之所以不服藥爲中醫也好大喜功苦征惡戰者富人之所以攻心伐性日事醫藥者也若夫偃武修文治内固本則所謂正氣盛而邪氣消長生久視秦越人無所効其技者也是故明主慎之良將警之世道生殺之[illegible]可不辨也

眷眷覆覆典實曉暢真懇痛切商隱終之以此一

腔精自可鑒也古云立言不朽仲立蓋有進於言
者